いまどきの子の
やる気に火をつける
メンタルトレーニング

飯山晄朗 | mental coach
メンタルコーチ

秀和システム

はじめに

二〇一四年、夏の甲子園をかけた石川県大会決勝。

八回が終わって〇対八。

小松大谷高校が星稜高校を相手に大きくリードして迎えた最終回。

星稜高校野球部のメンタルコーチとして、バックネット裏で観戦していた私は、正直なところ、内心では諦めていました。

なにしろ、八点もの点差が開いています。しかも、ここまで小松大谷のエースにたった二安打に抑え込まれていて、星稜は一点も得点できていません。

どう考えても、ここから一回で逆転勝ちできる状況ではないのです。

「それでも、メンタルコーチとして、どんな結果になっても最後まで見届けよう」

私は、そう腹を決めて観戦していました。

＊　＊　＊

——しかし、驚いたことに、当の星稜の選手達は、まったく諦めていなかったのです。

九回表の小松大谷の攻撃。

試合序盤に立ち上がりを攻められ大量得点を許した星稜のエースは、いったんライトの守備に就いていましたが、そのエースが、再びマウンドへ送られました。

最後の夏、最終回はエースに再度チャンスを与えようという監督の計らいでした。

そんな監督の計らいに応えたのでしょうか。

三者三振！

彼は完璧に役割を果たし、九回表を無失点に抑えたのです。

満面の笑顔でマウンドから全力疾走で帰ってくるエースを、星稜の選手達が最高の笑顔で迎えます。

「まさか、もしかしたら……」

私の心の中に、希望が生まれました。

＊　＊　＊

そして、本当に、奇跡が起こったのです。

九回裏の星稜高校の攻撃は、二番から。

ここで、監督は、これまで控えに回って試合に出ていなかった三年生のキャプテンを代打に送りました。

キャプテンは、笑顔で打席に入ります。

そして、うまく四球を選び、出塁。

反撃のはじまりです。

続く三番の打順でも、監督はやはり控えに回っていた三年生を代打に送りました。

この選手が、期待に応えて右中間を破るタイムリー三塁打を放ち一対八に。

この試合での初得点です！

ここから、打者一三人の猛攻がはじまりました。

終わってみれば九対八……歴史的大逆転サヨナラ勝ちで、甲子園行きを決めたのです。

私は、涙が止まりませんでした。

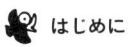

＊　＊　＊

なぜ、彼らはこのような奇跡が起こせたのでしょうか？

ちょっと高校野球に詳しい方なら、「優秀な選手が集まったからでしょ」と思うかもしれません。

確かに、星稜高校と言えば、松井秀喜さんなどプロ野球選手も多く輩出している名門高校です。選手層も厚く、能力のある選手が揃っています。

でも、それだけでは勝てません。

実際に、星稜高校は、私がメンタルコーチとして関わりはじめた二〇一三年の時点では、五年間も甲子園から遠ざかっていました。

なぜかと言うと、メンタル面が弱く、せっかくの実力が試合で発揮されないという状態だったからです。

そう。

星稜高校が復活した理由は、メンタル強化をしたからなのです。

＊　＊　＊

「メンタル面の強化だけで、そんなに変わるの？」と思うかもしれませんね。

しかし、事実、私がメンタルコーチとなってメンタルトレーニングをはじめた二〇一三年の夏には、いきなり六年ぶりに甲子園に出場しています。

このときは、まだ星稜がメンタルトレーニングをはじめて間もない時期だったこともあって、残念ながら甲子園では一回戦で涙を飲みましたが……。

しかし、このことで確かな手応えを感じた星稜は、そこから本格的にメンタルトレーニングを行うことにしたのです。

その結果、翌二〇一四年の夏には、前述のように奇跡の大逆転で再度甲子園へ。そして、今度は甲子園で一六年ぶりに一回戦を突破し、二回戦も順当に勝ち上がりベスト一六まで勝ち進むことができました。

メンタル強化は、確かに成果に結びついているのです。

その成果は、メンタルコーチを務めた私自身も驚くほどです。

＊　＊　＊

「そうは言っても、星稜はもともと選手が優秀だったから、メンタルトレーニングだけで変われたんでしょ」と思うでしょうか？

そんなことはありません。

実は、前述の二〇一四年夏の甲子園のあと、石川県秋季大会でちょっとした事件が起こりました。

この大会は、春のセンバツをかけた大事な大会なのですが、その決勝戦で夏の覇者、星稜高校を、ダークホースだった石川県立金沢商業高校が逆転で下したのです。

金沢商業は、もともとは特に野球が強かったわけではない、いわば普通の高校でした。それが、実に二六年ぶりに、頂点に立ったのです。

これも、メンタル強化の成果です。

というのも、実はこの金沢商業も、星稜と同様に、私がメンタルコーチをしていた学校だったのです。

星稜の選手も、金沢商業の選手も、どちらも大事な私の教え子ですから、ちょっと複雑な気分ではありましたが……普通の子でも、メンタル次第で驚くような成果を上げられるようになるのです。

＊　＊　＊

そしてこれは、野球の世界だけの話ではありません。

私がメンタルコーチを務める中には、春高バレーで強豪相手に一歩も引かない試合を展開した女子バレーボール部や、国体で二〇年ぶりに表彰台に上がった高校水球部などもあります。

それどころか、スポーツだけでなく、ビジネスの現場でも同じことが起こっています。

私は中小企業診断士でもあり、さまざまな企業から研修やコーチングの依頼を受けますが、それをきっかけに多くのビジネスマンが生まれ変わったように成果を上げはじめるのを見てきました。

あるいは、受験に失敗して、挫折感から引きこもってしまった学生が、メンタルトレーニングのおかげで無事志望する大学に合格できたという例もあります。

選手の指導に悩んでいる監督。

部下の指導に悩んでいる上司。

生徒の指導に悩んでいる先生や親御さん。

そんな方々にとって、メンタルトレーニングの方法を学ぶことは、必ずや役に立つと確信しています。

そのような思いで、私自身が実践するメンタルトレーニングの方法をまとめたのが、この本です。

＊　＊　＊

「最近の若い子は、どこか冷めていて、やる気が感じられない」

そんな声をよく聞きます。

彼らを称して「ゆとり世代」とか「さとり世代」などと呼ぶ言葉も、流行しました。

どこかしら自分達の世代とは違う。

これまでの指導の仕方が通じず、なにを言っても響かず、受け流されてしまう。

そう悩む方が多いようです。

しかし、本当に、最近の若者は冷めていて、なにを言ってもやる気を出さないのでしょうか？

「決してそんなことはない」と、私は思っています。

彼らだって、やる気を出すことはできるのです。

そして、やる気を出しさえすれば、こちらが驚くほどのすごい成果を上げてくれます。

星稜高校野球部の奇跡を目の当たりにした今、私は、心の底からそう思います。

ただ、ちょっと、やる気を引き出すための「コツ」があるのです。

そのコツをつかむためのヒントとして、少しでも本書が皆様のお役に立てば、これ以上の喜びはありません。

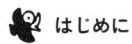

二〇一五年三月　金沢市のオフィスにて

著者

はじめに……3

第1章　やる気がない子を前向きにする9つの言い方

1 「なぜできないんだ?」ではなく「なにが原因だ?」と聞く……20
相手を責めない聞き方をすれば、本音の意見が聞き出せる

2 「何度言ったらわかるんだ」と叱るのではなく「わからないんだな」と受け止める……25
受け止めて安心感を与えれば、積極的に相談してくるようになる

3 「やらなきゃどうなる」ではなく「やったらどうなる」を伝える……32
ワクワク感を与えれば、想像以上に頑張り出す

4 「どうしたらいい?」ではなく「どうなっていたらいい?」と聞く……38
ゴールを明確にすれば、知恵もやる気も湧いてくる

5 「目標は?」ではなく「一年後にどうなっていたい?」と聞く……44
「夢が叶うかも」という気持ちにさせれば、どんどんやる気を高めていく

6 「どうなりたい?」ではなく「カッコいいと思う人は?」と聞く……51
「あの人のようになりたい」という気持ちが、やる気を引き出してくれる

7 「目標は？」ではなく「どんな感情を得たい？」と聞く……56
得たい感情を明確にしてあげれば、目標に向かう推進力が生まれる

8 「なぜできない？」ではなく「どうやったらうまくいく？」と聞く……62
「うまくいっているイメージ」をつくれると実現可能性が高まる

9 「やめちまえ！」と叱咤するのではなく「やりきってみろ」という……68
いったん「やりきりモード」へ入れば、あとは勝手に成長していく

第2章　自信のない子を勇気づける8つの言い方

1 「甘えてんじゃない！」と叱るのではなく「不安そうだな」と思いやる……76
「自分のことを気にかけてくれている」という信頼感が本音を引き出す

2 「他人のせいにするな！」と叱るのではなく「そうか」と受け止める……81
いったん受け止めて安心させてあげれば、改善点に意識が向くようになる

3 「頑張れよ」と励ますのではなく「君ならできる！」と信じる……87
信じてもらうことで、成果を上げるようになる

4 「できていないこと」ではなく「できていること」を聞く……93
「自分はできる人間」という自信が積極性を生み出す

5 「このままではまずい」ではなく「だからこそ」と言う……98
マイナスの出来事でも、プラスの側面に注目すれば成長の原動力になる

6 「自信を持て」ではなく「ありがとう」と言う……103
「ありがとう」は、頑張るための大きな原動力になる

7 「結果が出ませんでした」と落ち込む子には「うまくいったところは?」と聞く……109
負い目を取り除いてあげれば、改善点を冷静に考えられるようになる

8 「本番が不安です」と言うヤツには「当日朝からのシナリオをつくってみろ」と言う……114
シナリオ通りに行動すれば万全の状態で本番を迎えられる

第3章　不満ばかり口にする子に使命感を与える6つの言い方

1 「自分のために頑張れ」ではなく「誰かのために頑張れ」と言う……120
「喜ばせたい人」の存在が、燃え尽きにくい心を育てる

2 「諦めるな!」ではなく「お前はエースだ!」と言う……126
「自分はこのような人間だ」という自覚が行動を変える

3 「今どんな状態?」ではなく「変えるとしたらなにができる?」と聞く……131
自分が動くべきこととして考えさせれば、使命感が生まれる

第4章　なかなか行動を起こさない子を動かす8つの言い方

第5章　ピンチに弱い子のメンタルを強くする8つの言い方

第1章

やる気がない子を前向きにする9つの言い方

1

「なぜできないんだ？」ではなく「なにが原因だ？」と聞く

相手を責めない聞き方をすれば、本音の意見が聞き出せる

選手を萎縮させると反省どころではない

高校野球の練習試合後のミーティング。

「なぜあそこで勝負にいったんだ？」

試合中にミスした選手に対して、監督が責めるような口調で質問します。

選手は「はい、すみません……」と謝るのが精一杯。

「『すみません』じゃわからんよ。なぜあそこで勝負した？」

監督が再び問いかけても、その選手は何も言わず、黙って下を向いています。

そんな選手の様子にヒートアップしてしまったのでしょう。

「何度同じ失敗をしてるんだ！　バカかお前は！」

ついに監督は怒鳴ってしまいました。

その後は、「ここが良くなかった」「あれも悪かった」と一方的なダメ出しのオンパレード……。

監督としては、二度と同じ失敗を繰り返してほしくない一心で熱弁を振るっているのでしょう。

でも、選手はただただ監督の剣幕に萎縮しています。

残念ながら、こんな状態では、監督の言葉は耳に入ってこないはずです。

これでは、また同じ失敗が繰り返されるでしょう。

「なぜ」は相手を責める言葉

「あんなふうに一方的に叱ってはいけませんよ。結果的には失敗だったにせよ、選手には選手なりの理由があったかもしれないのに……それを確かめもせずに叱っては、選手がやる気をなくしてしまいます」

ミーティング終了後、監督にそう伝えた私に対して、監督は反論してきました。

「それはわかっていますが……でも、『なぜ勝負した』と聞いても何も答えないものですから」

「それは、聞き方が悪いんですよ」

これはコーチングの世界では常識なので、ご存じの方も多いかもしれませんが、「なぜできないんだ」「なぜ失敗したんだ」などのように、「なぜ」と否定的な内容を組み合わせるのは、基本的に避けるべきなのです。

これは「(できるべきなのに)なぜできないんだ」「(失敗するべきでないのに)なぜ失敗したんだ」というように、言葉の裏に(言っている当人にはその気がないにせよ)相手を責める意味合いが含まれてしまうためです。

特に監督や上司といった強い立場の人間から言われると、下の立場の人間はそう感じてしまうことがほとんどでしょう。

ミスした選手が「なぜ」と理由を聞かれたのに「すみません」と返事をしたのは、つまり、監督に責められていると感じたから謝ったということなのです。

「なに」に置き換えると答えやすくなる

「なるほど、理屈はわかりましたが……では、いったいどうすればいいのですか？」

困惑した表情で質問した監督に、私は答えました。

『なぜ』を『なに』に置き換えてみましょう。『なぜあそこで勝負したんだ？』の『なぜ』を『なに』に置き換えると、どんな言い方になりますか？」

「『あそこで勝負したのは、なにが理由なんだ？』でしょうか」

いい形になりました。

このように質問されると、言われた方も理由を答えることに意識がいきますから、冷静に自分の行動を振り返りやすくなります。

実際に、このあと、この監督は意識して『なぜ』を『なに』に置き換えて話すようになり、選手達も自分の意見を言いやすくなったようです。

以前は誰もが押し黙っていて、まるでお通夜のようだったミーティングの雰囲気もどんどん変わり、活気溢れるものになってきました。

それと同時に、チームの成績自体も上向いてきたのは言うまでもありません。

ポイント

「なぜ」と聞くと、相手は責められていると感じ、理由を答えるのではなく謝ろうという意識になってしまいます。「なぜ」ではなく「なに」という言葉を使うことで、相手が答えやすい雰囲気をつくってあげましょう。

2

「何度言ったらわかるんだ」と叱るのではなく「わからないんだな」と受け止める

受け止めて安心感を与えれば、積極的に相談してくるようになる

悪いところの指摘しかしないと、選手は自信をなくしてしまう

高校野球の現場では、選手の悪いところばかり指摘する監督がよくいます。

「なんだ、その投げ方は！」

「そんな走り方じゃダメだ！」

……挙句の果てには「こんなに言ってもわからないなんて、お前はバカなのか！」などと、技術面どころか人格まで否定するような言葉まで飛び出します。

私がメンタルコーチを務める高校野球チームの中にも、そういう監督がいました。

もちろん、指導者として、選手の改善点を指摘して、より良い方向にもっていこうとすることは悪いことではありません。しかし、悪いところの指摘ばかりする、悪いところの指摘

しかしない、というのは問題です。これが繰り返されると、選手は成長するどころか、確実に潰れていきます。なぜなら、自分の欠点ばかりに意識が向いてしまうと、人はどんどん自信を失っていくからです。

そして、自信をなくした選手は、どんどんプレーが消極的になっていきます。これでは成長どころではありません。積極的な心なくして、人は成長できないのです。

監督が「できていない部分」「弱い部分」「嫌いな部分」など、ネガティブな部分にばかりスポットライトを当て続ければ、選手達はあっという間に潰れてしまいます。

無理矢理ほめる必要はない

そこで私は、選手への声かけについて監督とセッションを持つことにしました。

話してみてわかったのですが、実は監督自身も、そのことについて気にしてはいたようです。

「ほめてやろうと思うんですが、プレーを見ていると、つい悪いところを指摘するようなことを言ってしまうんですよ。本当はダメだと思っているんですが……どうしたらいいですかね？」

困り果てた様子で相談されてしまいました。

確かに、「叱るのではなく、ほめて伸ばせ」ということは、これまでさまざまな書籍等で語られています。

しかし、ほめるということは、何らかの良い結果に基づいて良い評価をすることです。

つまり、相手が何らかの良い結果を出していないと、ほめることはできません。

私は言いました。

「別に、ほめなくてもいいんですよ」

「えっ」

驚く監督に、説明します。

「何も結果を出していない選手を無理矢理ほめようとしても、無理があるでしょう。それに、形だけのほめ言葉は相手に見抜かれて効果はないですよ」

「そうですよね。だから私もなかなかほめ言葉が出てこないんです……」

「そうでしょう。ですから、無理矢理ほめようとしなくても構いません」

まずは認めて、受け止める

「その代わり、認めてあげてください」

そう言った私に、監督が「よくわからない」と言いたげな表情を返します。私は説明を続けました。

「認めるっていうのは、事実をそのまま受け止めてあげるということです。ほめるのと違って、良いとか悪いとかの評価はしません」

「では例えば、選手が、何度説明してもまったく理解していない状態だったら、どう言ってやればいいんでしょうか? つい『何度言ったらわかるんだ』と言いたくなりますが……」

「『そうか、わからないのか』と言ってあげてください」

「それだけでいいんですか?」

「そうです。選手だって、わからないのは悪いことだと思っているんです。だから、なかなか自分から『わかりません』とは言い出せない。そこで監督の方から『わかっていないという事実』を受け入れてあげるんです。そうすると、選手も安心して『わかっていないという事実』を受け入れられるようになる。まずは、その状態をつくることが大切です」

「なるほど……」

「その上でなら、例えば『どんなところがわからないんだ？』などと聞けば、選手も積極的に質問や相談をするようになりますよ」

私の説明に、監督も合点が行ったようでした。

後日、練習に顔を出したときに、監督と選手のやり取りを聞いていると、「そうか、そんなふうに考えていたんだな……」という監督の声が聞こえてきました。

ちゃんと選手の話を受け止めるようになって、選手もこれまで相談できなかったことまで話せるようになったのでしょう。

そういえば、チームにこれまでの重い雰囲気はなくなり、選手達にも笑顔が見られるようになっていました。

相談できないのは、真面目で自信がないから

「今の若いヤツらは、わからないことがあっても、何も相談しないんですよ。まったく、仕事をなんだと思っているのか……」

企業研修のお仕事などで会社を訪れると、そう嘆く上司の方がよくいらっしゃいます。

しかし、言葉を返すようですが、彼らは決して仕事を軽んじているから相談しないのではありません。

日頃から若い世代の子達と接している私の感覚で言うと、彼らはむしろ真面目すぎるほど真面目です。

真面目だからこそ、「わからない自分」「できない自分」を恥じて、誰にも相談できないでいるのです。

「わからない自分には価値がない」と感じているからこそ、「わからない」と言ってしまうと自分が必要のない人間だと思われてしまうのでは、という恐怖を抱えているのです。

そんな彼らに「何度言ったらわかるんだ」などと言ったら、より彼らを追い詰めて、自信をなくさせ、心を開けなくしてしまいます。

ですから、上司としては、まずは「わからない」「うまくできない」という事実を認め、受け入れてあげるところからはじめましょう。

「わからなくても、すぐに見捨てられたりしない」という安心感が与えられて、はじめて彼らは「わからない自分」を受け入れ、成長をはじめることができるのです。

ポイント

わからないのに相談しないのは、わからないことが悪いと思っていないからではなく、むしろ自分を恥じているからです。わからないことを責めるのではなく、認めてあげれば、彼らも安心感を感じ、積極的な気持ちになれます。

3

「やらなきゃどうなる」ではなく「やったらどうなる」を伝える

ワクワク感を与えれば、想像以上に頑張り出す

基礎トレーニングはつまらない

私がメンタルコーチを務めている高校は、北陸にあります。

このような北国にあるチームには、他の地域にあるチームに比べて不利な点があるのですが、なんだかわかりますか?

それは、秋季大会が終わり冬期間に入ると、雪などの影響で、グランドでの練習ができない日が続くということです。

そのため、この時期には、どうしても室内練習場や屋内での基礎的な練習が主になってしまいます。

もちろん、強くなるためには基礎練習は非常に大切なものです。

しかし、そうは言っても、選手にとって、グランドでの実戦的な練習に比べると単調で退屈に感じがちなのは、仕方ないでしょう。

実際、この時期に選手達のトレーニングに対するモチベーションをいかに維持するのかが、北国のチームにとっては大きな課題となっています。

私がある高校にメンタル講習で伺ったときにも、やはり選手達の表情を見ていると、どうもスイッチが入らない様子でした。

監督は「冬にきちんと練習できないヤツは、春、夏で結果が出せないぞ！」と、なんとか気合いを入れようとしているのですが、言えば言うほど選手達の心は離れていく感じです。

そこで、何人かの選手をつかまえて、「今の気持ちを正直に話してみて」と聞いてみました。

「基礎練習もやらないといけないと思っていますが、正直気持ちが入らないと言うか……」

「これからこんなトレーニングがずっと続くと思うと、ちょっと憂鬱です」

「やる気が起きないときがあります」

やっぱり、想像通りの答えです。

これを放置しては、十分なトレーニングが行えないでしょう。

トレーニングを積めば得られる結果をイメージさせる

そこで私は、その日のメンタル講習で、あるワークを行いました。

ワークと言っても、やることは簡単です。

まず、秘密兵器のイメージトレーニング用の音楽を流します。

そして、選手達にそれを聞きながら目をつぶって、その場にいる自分をイメージしてもらうのです。その際に甲子園の球場アナウンスの声、観客や仲間の声援なども感じてもらいます。

十分に時間を取って、すべての選手がきちんとイメージできただろう、というところで選手達に聞いてみました。

「さぁ目を開けて。今の気持ちは?」

すると、「やる気が湧いてきました」「早く試合がしたいと思いました」と前向きな言葉が出てきます。

どうやら、ワクワク感を取り戻せたようです。

ひとまず成功と言っていいでしょう。

とはいえ、もちろん、このワークを一回やったからと言って、その効果が永遠に続くわけではありません。

ですから、その後も選手達の様子を見て「モチベーションが落ちてきたな」と感じるたびに、このイメージトレーニングを繰り返し行いました。

すると、だんだん、選手達もイメージトレーニングをすることになれていき、最終的にはわざわざメンタル講習でワークを行わなくても、自分でワクワク感を維持できるようになっていったのです。

その結果、このチームは見事に冬の基礎練習を乗り切り、そこで鍛えた実力で、春からの試合を勝ち進んでいきました。

人間の脳は「正しいかどうか」よりも「楽しいかどうか」に反応する

このように、「やらなければならないことはわかっているのに、なぜかやる気が起きない、集中力が続かない」という人は、仕事の現場でもよくいると思います。

そのような場合は、「やったらどうなるか」をイメージさせて、ワクワク感を取り戻させることが効果的です。

これは、脳の仕組みを考えると、当然のやり方と言えます。

人間は、脳の中で快楽ホルモンと呼ばれるドーパミンという物質が分泌されることで、やる気や行動力が大きく高まるようになっています。

そして、そのドーパミンという物質が分泌されるのは、「正しいこと」「やらなければいけないこと」をやっているときではなく、「楽しいこと」「やりたいこと」をやっているときなのです。

「そうは言っても、仕事なんだから、やらなければならないことはきちんとやるように努力するべきでしょ」

そう思うかもしれませんが、人間は脳の仕組みには逆らえないのです。

それでも昔は「頑張れば報われる」ということが信じられました。誰もが「報われる」という結果をイメージできたから、ワクワク感を維持しやすかったと言えます。

しかし、今は、そういう時代ではありません。

「頑張っても報われないことがある」

若い子ほど、そういう思いが強くなっています。

だからこそ、わざわざ「頑張れば、その先にこんなに楽しいことが待っている」ということをイメージさせる必要があるわけです。

「この仕事ができるようになったら、どんな自分になれると思う?」

「この問題を解決できたら、どんなことになると思う?」

「自分がマネージャーになってどんどん業績を上げることができたらどう?」

なかなか「やるべき仕事」に集中できない部下がいたら、このように問いかけてみましょう。

ポイント

人間の脳は、ワクワク感がないと、「やるべき」という義務感だけでは集中できない仕組みになっています。やる気が続かない子には、「やったらいいことが待っている」というイメージを持てるようにサポートしてあげましょう。

4

「どうしたらいい？」ではなく「どうなっていたらいい？」と聞く

ゴールを明確にすれば、知恵もやる気も湧いてくる

練習メニューの意見は出るのに、試合に勝てない！

なかなか試合での勝率が伸びないチームの選手達に、「試合で勝つために」というテーマで話し合いをしてもらったときのことです。

「打てないと勝てないだろう。バッティングを強化すべきだ」

「いや、守備を鍛えるべきだ。守りを強化すれば、点をやらなくて済む」

「バントで確実にランナーを送ることができたら得点につながるよ。バントの技術を磨くのはどうだろう」

さまざまな意見が出てくるのはいいのですが、いっこうに話がまとまりません。

なるほど、これでは勝率が伸びないはずです。

なぜなら、こういう場合、往々にして「じゃあ、全部やろう」という結論になりがちだからです。

もちろん、そう決めて実際に全部やれるならいいのですが、練習時間には限りがありますし、現実にはすべてを完璧に実行するのは難しいものです。

すると、結局は中途半端な取り組みで終わってしまったり、途中で続かなくなってしまいます。

これでは、いくら話し合っても、結果が出るはずがありません。

大切なのは「どんな勝ち方をしたいか」だった

そこで、私は次のように問いかけてみました。

「確かにどれも大事なことだけど、そもそもみんなは、どんな勝ち方ができるようになりたいの？」

ひとくちに「試合に勝つ」と言っても、さまざまな勝ち方があります。

「打ち勝つ」

「守って勝つ」

「足でかき回して勝つ」

いろんな選択肢が考えられますが、このチームが選んだのは「打ち勝つ」ということでした。

「それじゃあ、やるべきことは打力の強化ですね！」

選手達が、自分達がやるべきことに気付いたようです。

「もちろんそうだけど、打力と言ってもいろいろあるよね。ホームランを打てるようになりたいのか、ヒットを量産したいのか……」

「例えば、得点圏にランナーを置いて、二塁打を打ち続けることができるような、そんな打力を身につけたいです」

こうして、実際にそのような打力のチームづくりを行った結果、このチームはランナーを得点圏においてからの得点率が向上し、勝てるチームになっていきました。

目指す姿が明確になると、やるべきことは自然と浮かび上がる

このチームのように、なにか課題があると、私達はつい「どうしたらいいか？」という方法を考えようとしてしまいがちです。

「売上を達成するためにどうしたらいいか、アイデアを出してくれ」

あなたの会社でも、こんなふうに〝やり方〟を話し合う場面は多いのではないでしょうか？

でも、いくらアイデアを出しても、結局は「それはもうやっている」「以前やったことがあるがうまく行かなかった」「ありきたりのアイデアだ」などと堂々巡りになることがほとんどだと思います。

そういうときは、まず「どうなっていたらいいのか」という問いかけをして〝ありたい姿〟に意識を向けてみましょう。

「売上をどんなふうに達成したい？」

「売上を達成したときに、どんな状態になっているといい？」

そんなふうに考えると、どんな取り組みをすればいいかは、自然と浮かび上がってきます。

先日、美容業界で活躍する女性経営者から、「スタッフ間のコミュニケーションがうまく行っていないのでどうしたらいいでしょうか？」という相談を受けました。

自分なりにいろいろ方法を考えて、やってみたものの、どれもうまくいかなかったのだそうです。

そこで、私は質問してみました。

「スタッフのコミュニケーションがうまくいっているというのは、具体的にはどのような状態なんでしょうか？」

「そうですね、例えば……『ありがとう』という言葉が自然と出てくるような状態です」

そこまで言って、その女性経営者はハッと気付いたようでした。

「そうか、まずは『ありがとう』という言葉を増やす工夫をすればいいんですね」

このように、目指す姿が明確になると、どうしたらいいか、やるべきことはなにか、ということは自然と考えられるようになるのです。

ポイント

「どうしたらいい？」と方法論にばかり意識が向いてしまって、考えがまとまらずに、結果を出せない子は多いものです。そういう子には「どうなっていたらいい？」と〝ありたい姿〟に意識を向けるようサポートしてあげましょう。

5

「目標は？」ではなく「一年後にどうなっていたい？」と聞く

「夢が叶うかも」という気持ちにさせれば、どんどんやる気を高めていく

「甲子園に出場できる」と思っているとは限らない

強豪校で甲子園の常連になっているような高校でも、何年も甲子園から遠ざかってしまうと、選手が甲子園で活躍している自分をなかなか描けないことがあります。

ましてや甲子園に出場したこともない高校の場合は、選手は甲子園に出場できるとさえ思えないことが多いです。

「『俺達は必ず甲子園に出場できる！』と思う人は手を挙げて」

メンタル講習の最初に、挙手を促しても手が挙がらないことも少なくありません。

ただ、これはある意味当たり前のことだとも言えます。

なぜかと言うと〝経験したことがない〟からです。

経験したことがないことを、リアリティのある目標としていきなりイメージしろと言っても、それは難しいでしょう。

とはいえ、メンタルコーチとしては、「難しいから仕方ないよね」で終わらせるわけにはいきません。

なぜかと言うと、甲子園で活躍している姿をイメージして、ワクワクできてこそ、選手達は厳しい練習にも集中して取り組めるものだからです。

こんな状態のままでは、いくら練習をしても強くなることはできませんから、まずは甲子園で活躍するというイメージを、リアルなものとして選手達に思い描いてもらう必要があります。

目標ではなく夢を聞く

そういう場合、私は次のように問いかけてみます。

「それじゃあ、夏の大会でどうなっていたいか、夢を考えてみよう。あくまで〝夢〟だから、『これならできそう』というものでなくてもいい。『こうなったらいいな』ということを、自由に考えてみて」

するとやはりみんな高校球児です。

「全国制覇できたらいいな」

「甲子園でホームランを打てたらいいな」

「甲子園で完封勝利できたらいいな」

そんな回答が出てきました。

ここでのポイントは二つあります。

一つは、「夏の大会で」と時間を決めたこと。

「将来的にどうなっていたい？」と聞くより、「夏の大会でどうなっていたい？」と聞いた方が、夢が具体的にイメージしやすくなりますよね。

そしてもう一つは、あくまで『こうなったらいいな』という〝夢〟を考えてもらったということ。

ここで〝目標〟と言ってしまうと「必ず達成しなくては」「達成するために努力しなくては」という意識が働くので、どうしてもこれまでの自分の経験の中から実現できそうなことを考えようとしてしまいます。それでは「できそう」ではあっても「ワクワクする」イメージは出てきませんよね。

「夢が叶っていく過程」を擬似体験させよう

とはいえ、このまま「実現できるとは思えない、単なる夢」をイメージしておしまいでは、練習に取り組むモチベーションを高めることはできません。

そこで、次に、「夢だと思っていたけど、実現できるかもしれない」というイメージを持ってもらうための質問をします。

具体的には、細かく段階を区切って、同じように夢を描いてもらうのです。

「夏の大会で甲子園に出場できるとしたら、シーズンに入る直前では、どうなっていたらいいかな?」

「春の大会では、どうなっていたらいいかな?」

このように、最終的な夢が叶うまでの途中経過をイメージさせることで、「夢が叶っていく過程」を頭の中で擬似体験してもらうのです。

このワークをやると、単なる夢だったものが、どんどんリアリティを増していきます。

実際、このワークをやったあと、選手達になにを感じたか、気付いたかを話し合ってもらうと、次のような感想が出てきました。

「最初は『どうせ無理だけど……』と思っていた夢が、なんだか叶えられそうな気持ちになりました」

「自分達の一年後までの姿が見えるようになって、やる気が出てきました」

「ワクワクした気持ちになりました」

これなら、厳しい練習にも耐えられそうです。

夢を持てない人はいない

「今の若い子には夢がない」

「『夢はないの？』と聞いても『特にありません』という答えが返ってくる」

学校でも会社でも、最近そのような声をよく聞くようになりました。

しかし、そんな子達が、本当に夢を持つことができないのかと言うと、そんなことはあり

ません。

「夢を持っても、どうせ叶わないだろう」

「叶わない夢なんて、持っても仕方ない」

そう思っているだけなのです。

先ほどの高校野球チームの例もそうですし、会社などでこの「夢づくりワーク」を通して、常識の枠を外して将来の夢を描いてみると意外と出てくるものです。

「家族で海外旅行に行けたらいいな」

「子供が『お父さんと同じ会社に入りたい』と言ってくれたらいいな」

「社長になりたい」

これらも夢ですね。このように将来の肯定的な思いがあると、ワクワクした気持ちになり、「仕事を頑張ろう！」という気持ちになるものです。

会社で行う「夢づくりワーク」では、10年後の将来の姿から一年毎に遡って、一年後までの「なったらいいな」をつくるサポートをしてあげるといいでしょう。

職場で取り組むと、みんなの夢が共有できて、雰囲気が変わりますよ。

ポイント

本当に何も夢を持てない人はいません。ただ、叶うとは思えないから、夢を持たないようにしているだけです。「夢が叶うかも」と思えるようになるように、「夢づくりワーク」でサポートしてあげましょう。

6

「どうなりたい？」ではなく「カッコいいと思う人は？」と聞く

「あの人のようになりたい」という気持ちが、やる気を引き出してくれる

建前の夢ではモチベーションは上がらない

「夢は甲子園で活躍することです！」

口ではそう言っていても、練習の姿勢や取り組み方を見ていると、そう考えているとは思えない選手もいます。

要は、「甲子園で活躍したい」というのは建前で、本気でそう思っているわけではないのです。

高校野球のメンタルコーチをはじめるまでは、私は「高校球児であれば、甲子園で活躍する、全国制覇するという夢が少なからずあるはず」と思っていましたが、どうやらそうでもないようです。

「そもそも、この子はなぜ野球をやっているのかな?」と思ってしまうこともあります。

これが現実なんですね。

こういう子に「君の夢は?」「どうなりたい?」と聞いても、結局、建前の言葉しか出てこないので、モチベーションアップに結びつけることができません。

前節でも説明したように、モチベーションアップにつながるのは、本人が本心で思っている、ワクワクするような夢だけだからです。

「夢」は語れなくても「憧れている人」なら語れる

そういう選手に対しては、私は次の三つの問いかけをします。

「憧れている人、尊敬できる人、カッコいいと思う人を挙げてみて」

「その人に実際に会ったら、どんなことを聞きたい?」

「その質問に対して、どんなメッセージで答えてくれると思う?」

こう問いかけると、さまざまな答えが返ってきます。

例えば、ある日本人メジャーリーガーに憧れている、と答えた選手は、「どうしてそんなにすごい選手になれたんですか?」と聞いてみたいと言いました。そして、その質問に対して「野球が大好きで毎日野球のことばかり考えていたからだ。毎日の積み重ねが大事だよ」というメッセージがもらえると感じたそうです。

また、高校時代に甲子園全国制覇を成し遂げた、あるプロ野球選手を尊敬している選手は、「全国制覇するってどんな気持ちですか?」と聞きたい、そしてそれに「最高だよ。ここまで来い! お前ならできる」というメッセージをもらえると思う、と答えました。

これでなにがわかるかと言うと、憧れの人やそのメッセージというのは、すなわちその選手にとって「このようになりたい」「こうありたい」という具体的な夢そのものだということです。

「夢はなんだ?」と聞かれると漠然とした言葉しか出てこない子でも、このように「憧れの人」という聞き方をすれば、夢を具体的にイメージできるようになるのです。

「あの人のようになりたい」という気持ちが人を成長させる

そしてもちろん、まったく同じ方法が、会社で部下のモチベーションを上げる際にも使えます。

あなたの部下で、口では「頑張ります！」と言いつつも、壁に突き当たって伸び悩み、モチベーションが下がり気味になっている人はいないでしょうか？

そうした部下とは、ミーティングや面談などの際に、憧れている、尊敬する、カッコいいと思っている、リスペクトしている人について話し合ってみるといいですね。

話している部下にとっては、自分のなりたい姿をより明確に意識できるようになりますし、聞いているあなたも、それを共有することができます。

そうすると普段の仕事の中で、部下がミスをしたときにも、次のように問いかけて、解決策を見出すサポートをすることができます。

「君が尊敬する○○さんだったらどんなふうに解決すると思う？」

「○○さんからどんなアドバイスがあると思う？」

——「このように行動すれば、憧れているあの人のようになれる」というワクワク感は、自分の殻を破って成長するための大きな力になるのです。

活用しない手はありませんね。

ポイント

夢を聞いても、漠然とした言葉しか出てこない子もいます。そういう子には、「憧れの人」を聞くことで、「こうありたい」というイメージを具体的に描くサポートをしてあげましょう。

7 「目標は？」ではなく「どんな感情を得たい？」と聞く

得たい感情を明確にしてあげれば、目標に向かう推進力が生まれる

ベンチ入りできない選手は、目標を持ちにくい

高校野球のメンタル講習の中では必ず目標を設定します。〝行き先〟を決めるわけですね。行き先を決めずに動き出すと、時間とお金、労力（エネルギー）が浪費されるだけになってしまいます。ですから最初に「なにを達成したいのか」「どうなりたいのか」を決めるわけです。

ところが、目標を設定しようとしても「なにを目標にしていいのかわからない」という選手もいます。ベンチ入りできる可能性がなく、目標がないと言うのです。

「寂しいことを言うなよ」と言いたくなりますが、本人はいたって真面目です。

「なにか達成したいと思うことはないか？」

「別にないです」

「ベンチ入りだけがすべてじゃないと思うけど？」

「それはわかっています」

淡々と答える姿勢が、この選手の心に響いていないことを感じさせます。

このままでは、この選手はモチベーションが続かず、成長できないどころか、ドロップアウトしてしまう可能性すらあるでしょう。

「ベンチ入りできない選手がやめてしまっても、仕方ないのでは？」と思うかもしれませんが、そういう考え方ではチームが強くなりません。

強いチームというのは、レギュラー選手以外の選手も、みなモチベーションが高いものです。

試合に出られなくても「何かしら、自分がチームに貢献できることはないか」と考えて、動く。そういう「表に出てこない選手達」に支えられているから、レギュラー選手もどんどん成長できるのです。

ですから、たとえベンチ入りの希望がない選手であっても、モチベーションを高く持ってもらうことが、メンタルコーチの重要な仕事だと言えます。

感情にフォーカスすると、自分なりの目標が見えてくる

そこで、私は質問の仕方を変えました。

「そうか。じゃあ、君はこの部活でどんな感情を得たいんだ?」

こう言うとこの選手の表情が変わりました。

「やりきったという充実感です……」

「そうなんだ。充実感か、いいね」

「はい、試合に出られなくても、充実した高校生活であればいいですし、そうしたいと思っています」

力強く答えてくれました。

「では、どうなったら三年間の野球生活が充実していたと思える?」

「チームが甲子園に出場して勝ち進み、自分がそのサポートができているときです」

「どんなサポートができたらいい?」

「……メンタルリーダーをやります！」

その後、この選手は実際にチームのメンタルリーダーとして、講習で学んだ内容をチームに落とし込んでいく役割を担いました。

最後まで背番号はもらえませんでしたが、チームに貢献し、親御さんもたいへん喜んでいました。

「与えられた目標」を「達成したい目標」にするためにも有効

このように、「目標を聞いても明確な答えが得られない」という場合は、得たい感情を聞いてみるのも効果的です。

得たい感情が明確になれば、「どうすればその感情が得られるようになるか」を考えられるようになり、自然と目標が生まれ、モチベーションが上がってきます。

ビジネスの現場だと、自分で目標を設定するというよりも、会社から目標が与えるケースの方が多いかもしれませんが、その場合でも同様です。

「何のためにその目標を達成するのか」と聞いて、「会社からやれと言われているから」「これくらいやらないとまずいから」などと、まったく主体性のない回答が返ってくる場合は、要注意。

その目標を達成するモチベーションが得られていない状態です。

こうした場合は、やはり「その目標を達成するとどんな感情を得られるか」と聞いてみるといいでしょう。

「気持ちがいい」

「嬉しい気分」

「『やってやったぞ』という感じ」

そんな感じの答えが返ってくれば、与えられた目標が「達成したい目標」になっていくでしょう。

ポイント

どうしてもワクワクする目標が見つからない子には、まず得たい感情を明確にするようにサポートしてあげましょう。感情にフォーカスできれば、自然と自分なりの目標が見えてきます。

8
「なぜできない？」ではなく「どうやったらうまくいく？」と聞く
「うまくいっているイメージ」をつくれると実現可能性が高まる

「できなかったこと」を考えても、できるようにはならない

「なにをやっているんだ！　なぜ失敗したのか考えろ！」

大会の試合のあとで、大事な場面でバントを決められなかった選手を、監督が叱咤している場面に出くわしたことがあります。

このように、できていないことを指摘して「あとは自分で考えろ！」と突き放してしまうのは、よくありがちな光景です。

しかし、これは決して良いやり方とは言えません。

なぜなら、このように言ってしまうと、選手としては「できなかった自分」のことばかりを考えてしまうからです。

実際、監督に叱られた選手は、下を向きながら「まいったなぁ」と思い悩んでいる表情で歩いています。

そこで、この選手を呼び止めて、聞いてみました。

「どうだ？　今度からどうしたらいいかわかったか？」

「……ちゃんとボールを見てやることだと思います……」

「ちゃんとボールを見れば、うまくバントできるイメージになる？」

選手は、黙って首をふります。

案の定です。

これでは、彼はいつまで経っても巧みなバントができるようにならないでしょう。

それどころか、むしろバントに苦手意識を持って、避けるようになってしまうかもしれません。

「うまくいっているイメージ」が鍵となる

そこで私は、次のように聞いてみました。

「じゃあ、『うまくバントできた』ってどんなイメージだ？」

「サードの前に勢いを殺したボールを転がしているイメージです」

「例えば、今日の場面だとどんな感じ？」

「今日の相手ピッチャーは左腕だったので、カーブを狙ってそのまま逆らわずに転がす感じですね。……そうなんですよ。カーブが来たんですよね。『来た！』と思って慌ててしまったんです」

「じゃあ、次からはどうする？」

「落ち着いて対応できるように、打席に入る前に、頭の中でうまくバントできるイメージをつくっておきます」

「具体的には？」

「相手の投球モーションに合わせて構えを変えて……」

どうやら、どうすればうまくいくか、具体的にイメージできたようです。

「じゃあ、バントがうまくいったら、どんな気持ちになる？」

「『よし！　やったー！』という気持ちになります」

これでもう大丈夫。次回からはうまくバントできるようになるでしょう。

脳はイメージ通りに実現しようとする

一流のスポーツ選手は必ず「うまくプレーできる自分」をイメージするイメージトレーニングを大切にしています。

それはなぜかと言うと、人が行動するときには、どんな場合でもイメージが先行しているからです。

イスに座るときにも、脳は「イスに座る」というイメージをつくっているわけです。だからちゃんとイスに座れるんですね。

コーヒーを飲むという動作もそうです。コーヒーカップを持つ、口に運ぶというイメージがあるから、その動作ができるわけです。

これと同じ理屈で、なにかをうまく行動できるようにするためには、「できている自分」のイメージを思い浮かべることが大切です。

ここで逆に「できなかった自分」をイメージしてしまうと、どうしてもそのイメージに引っ張られて、失敗してしまうことになります。

ですから、会社でも、うまく仕事をこなせない部下に対して「なんでできないんだ」などと叱るのは、逆効果だと知っておきましょう。

そんな言い方では、なかなかうまくできるようにはなりません。

それよりも、うまくできたときの達成した状態をイメージできて、そのときの喜びの状態を感じることができるようにサポートしてあげてください。

イメージトレーニングには三つの原則があります。

①すでに実現した状態、あるいは実現しつつある状態をイメージする
②細部までリアルにイメージする
③そのイメージに自分の感情を加える

この3つの原則を踏まえた上でイメージトレーニングすると、それだけで、すんなりとできるようになることも少なくなりませんよ。

ポイント

人間は、脳に描いたイメージ通りに行動しようとします。「できない自分」について考えさせても、失敗を繰り返すばかりです。「うまくできる自分」をイメージできるようにサポートしてあげましょう。

9

「やめちまえ！」と叱咤するのではなく「やりきってみろ」という

いったん「やりきりモード」へ入れば、あとは勝手に成長していく

監督の檄が裏目に出て「諦めモード」に突入

メンタルサポートしている高校野球部の試合を観戦していたときのことです。

そのチームの選手で、明らかに体格も良く、頭も良さそうで、きっと野球もうまいだろうなと思う子が、スタンドで応援しているのを見かけました。

「なぜこんな選手がベンチに入っていないのかな？」

疑問に思ったので、試合が終わってから、その選手に声をかけ、理由を尋ねてみたのです。

すると、「大会直前の練習でケガをしてしまったので、選手登録から外れたんです」という返答でした。

ところがです。

後で監督にその選手のことを聞いてみると、監督からは意外な言葉が返ってきました。

「ケガと言っていますが、全然大したことないんですよ。ちょっと調子を落としているところへ檄を飛ばしたら、練習に真剣さが見られなくなったんです。だから、メンバーから外しました。メンタルが弱いんですよ」

なるほど、そういうことでしたか。

「ただ、とてもいい選手なので期待はしているんです」

監督のこの言葉を受けて、私は、再度、この選手に話を聞いてみることにしました。

「監督は、ケガは大したことないって言っていたけど？」

「……『お前みたいな選手は必要ない』と言われたんで『あぁ、もう俺は必要ないのかな』と思って……」

「そうなんだ。それで、このままベンチ入りを諦めちゃうの？」

「まぁ、監督がそう言うんだから、仕方がないです」

やっぱりね。監督の檄が、裏目に出たようです。

このケースのように、高校野球の指導現場で、監督が「このままだとお前には背番号を渡せないぞ」「そんなプレーしかできないならやめちまえ！」などと檄を飛ばすシーンは、よくあります。

こう言われると、一昔前の選手であれば、「なにくそ、絶対に背番号を取ってやる」と反骨心を出して頑張ろうとしたものでした。

しかし、今はこの選手のように、「まぁ、仕方ないね」と感じて諦めモードに突入してしまう選手も多いのです。

ここで、指導者の方まで「選手本人が諦めているんだったら、仕方ないね」と諦めてしまったのでは、その選手のせっかくの素質が埋もれたまま終わってしまいます。

それは、選手にとっても、チームにとっても、もったいない話です。

なにか一つをやりきらせてみる

そこで私は、一つ問いかけてみることにしました。

「君は、これまで部活の中で『やりきった』と思うことはある？」

「えっ？　やりきるですか？　……別にありませんけど」

「よし、じゃあ、ベンチ入りを諦める前に、なんでもいいから一つやりきってみないか？何もやりきらずにこのまま諦めてしまったら、このあとずっと『あのとき頑張っていれば、もしかしたら……』とモヤモヤした気持ちが残ってしまうぞ」

「……やりきるって、なにをですか？」

「なんでもいいよ。自分なりに『これをやりきっておけば後悔しない』と思えることはなんだろう？」

彼は少し考えると、答えました。

「練習で手を抜かずに、一〇〇％の力でやることでしょうか？」

「よし、じゃあ、これから一ヶ月間、手を抜かずに練習してみよう。諦めるのはそれからでもいいだろ？」

「はい」

それから、私は彼と一つ約束をしました。

それは、毎日の日誌で、練習項目の横に「手を抜かずにやれた」と思ったときは〇印、「ちょっとでも手を抜いたかな」と思ったら×印を付ける、ということです。

その後、何度か彼の日誌を見せてもらいましたが、ちゃんと約束通り○×を付けてありました。

そして一ヶ月後。

彼に感想を聞くと、次のような言葉が返ってきました。

「自分で決めたことをやりきったことで、自信が持てました！　でも、まだ手を抜いてしまう日もあるので、もっと頑張りたいです」

その表情は、一ヶ月前とは比べものにならないほどに輝いていました。

ほどなくして、彼が試合に出場して活躍するようになったことは言うまでもありません。

「やりきりモード」へ入れば、あとは勝手に成長していく

このように、諦めモードに入ってしまった子を、そこから抜け出させるためには、なにかをやりきらせてみるというのが有効です。

私が若手のリーダーを育成するリーダーシップ教育を実施している顧問先の機械部品製造業にも、はやり「仕方がないですね」が口癖の若者がいました。

上司からは作業時間の短縮という命題が課せられているということでしたが、最初から諦めていて、挑戦しようとも思わないそうです。

そこで私は、彼が過去にやりきった話を聞いてみました。

すると、学生時代、彼は陸上部でかなり頑張っていたということがわかったのです。

「じゃあ、仕事も陸上と一緒だと思うとどうだろう？　目標を立てて、その目標をクリアしていく。自己記録更新！　みたいな……」

私がそう提案すると、彼の表情がパッと明るくなったのを今でも覚えています。

それからしばらくして会社に伺ったときに、社長さんにその若者のことを聞いたら、「おかげさまで、自分から積極的に、作業時間の目標をつくって、その目標をクリアするためになにをどうしたらいいか、どんな練習をしたらいいかということを考えるようになりましたよ」という嬉しい報告がありました。

また、「自己記録更新！　昨日の自分を超えろ！」というのがこの会社のスローガンにもなったそうです。

ポイント

いったん「なにかをやりきる」経験をさせると、自信が付き、あとは放っておいてもどんどん加速して成長していくものです。上司や指導者としては、その最初の一歩を踏み出すサポートをしてあげることを心がけましょう。

第2章

自信のない子を勇気づける8つの言い方

1

「甘えてんじゃない！」と叱るのではなく「不安そうだな」と思いやる

「自分のことを気にかけてくれている」という信頼感が本音を引き出す

思うようなピッチングができなくなった投手

「なに『悩んでます』みたいなアピールをしているんだ！　甘えてんじゃないぞ！」

練習に身が入っていない様子の投手に、監督が一喝しました。

この投手、ちょっと前に行われた練習試合でなかなか思うようなピッチングができなかったので、悩んでいるようです。

それが練習態度に出てしまったのでしょう。

ただ、監督のこのような突き放す言い方はよくありません。

もちろん、監督としては、この投手を鼓舞するつもりできつい言い方をしているのだということはわかります。

しかし、この投手にしてみたら、どうしていいかわからなくて悩んでいるわけです。別に、甘えているわけでも、努力を惜しんでいるわけでも、練習が面倒だと思っているわけでもありません。

それなのに突き放すような言い方をしてしまっては、投手が監督に頼ることも、相談することもできなくなってしまいます。

叱咤するのではなく、感じたままを伝えよう

そこで私は、監督にこう伝えました。

「選手達を見ていて、表情や態度などから『いつもと違うな』と感じたら、いきなり叱咤するのではなく、まず感じたことをそのまま伝えてあげてください」

「そのまま……ですか？」

ピンときていない様子の監督に、説明します。

「そうです。例えば選手が不安そうな顔をしていたら、『不安そうだな。どうした？』といったように、感じたままを伝えてみてください」

実は、このように感じたことをそのまま伝えている監督は少ないものです。「指導者」という立場から、つい「選手を導かねば」と叱咤激励することにばかり意識が行ってしまうのでしょう。

しかし、人は、自分のことを気にかけていない（と感じる）相手の言葉には「何もわかっていないくせに、頭ごなしに言うな！」と反発してしまうものです。

だから、まずは選手の表情などから察して感じたことを伝えておくことが大切なのです。

それを伝えることで、選手は「監督は自分のことを気にかけてくれている」「わかってくれている」と感じます。

そして、人は自分のことを気にかけてくれている相手の言葉なら多少きつくても受け入れられますし、本音で話そうと思えます。

そのような関係が築けて、はじめて叱咤激励が効果を発揮するのです。

後日、監督に「その後どうですか？」と聞くと、やはり、効果があったようです。

「この間教えてもらった通りに言ってみたら、実は肩に違和感があるということを話してくれました。あのままやらせていたら、たいへんなことになっていましたよ」

大事に至らなくて何より、という一件でした。

「気にかけている」ということをきちんと示すのが大事

「監督が選手のことを気にかけているのは当たり前なんだから、何も言わなくたってわかるだろう」

そう思う人もいるかもしれません。

しかし、監督自身はそう思っていても、選手の側はそう思っていないことは意外と多いものです。

だからこそ、まずは「気にかけている」ということを言葉で示すのが大切なのです。

これは、監督と選手の関係だけでなく、上司と部下の関係にも同じことが言えます。

例えば、仕事の進捗が思わしくない部下に対し、いきなり「たるんでるぞ」などと言ってしまうと、部下はその場をしのぐためにとりあえず「すみません、頑張ります」などと平謝りするだけで、状況は改善しないでしょう。

そこで、このようなときは「ずいぶんと手こずっているな。今どんな状況になっているんだ?」と、部下の様子などから察して、感じたことを伝えます。そうすると、部下も本音を話しやすくなって、「実はですね……」と相談しやすくなります。

もちろん、「感じたことを伝える」というのは、ネガティブなことに限った話ではありません。

例えば、朝、部下が出勤してきたときの表情が明るければ、「なんか嬉しそうだね。良いことでもあった?」と聞いてみる。会議やミーティングで、部下がなにかに気付いた様子で表情が変わったときに、「○○君、なにか思いついた?」と聞いてあげる。

このようにすることで、部下は「自分のことを見てくれている」と感じるようになり、良い関係が築けるのです。

ポイント

いきなり叱咤しても「何もわかっていないくせに」と反発されるだけ。まずは「不安そうだな」などと感じたままを伝えましょう。「気にかけている」ということが伝われば、その後のコミュニケーションがうまく行くようになります。

2
「他人のせいにするな！」と叱るのではなく「そうか」と受け止める

いったん受け止めて安心させてあげれば、改善点に意識が向くようになる

敗因をチームメイトのせいにする投手

大会で負けてしまったあと、試合を振り返って、負けた要因について話し合っていたときのことです。

「なんであんな投球になったんだ？」

登板して打ち込まれた投手を呼んで、監督が聞きました。

投手が答えます。

「サードのエラーで調子が狂いました」

「最初は調子がいいと思ったけど、キャッチャーとのリズムが合いませんでした」

残念ながら、「自分は悪くない」と言わんばかりの言葉のオンパレード。

最初はじっと投手の言葉を聞いていた監督も、さすがに途中で遮って言いました。

「お前さっきから人のことばかりじゃないか！」

このように、ミスや悪い結果に対して、「自分は悪くない」と他人の責任にするような発言をする子は多いものです。

そういう言葉を聞くと、つい「そういうお前はどうなんだ！　自分のことを棚に上げて他人のことばかり言うな！」と叱責したくなる気持ちはわかります。

しかし、そのような言葉で責めれば、相手はますます他人の責任にしたくなってしまうでしょう。

なぜなら、人は否定されると本能的に自己防衛本能が働き、自分を正当化しようとする意識が働くからです。

まずは安心させてから、改善点を考えさせる

このままでは建設的な話し合いにならないな、と感じた私は、叱られていた投手に言いました。

「そうか。なかなか思った通りにいかないよな」

「はい」

投手がほっとした表情でうなずきます。

その表情を確認して、私は問いかけました。

「じゃあ、次に同じ状況になったとして、君はどうすれば良いかな？　なにができそうだ？」

投手は、しばらく考えたあとで答えました。

「『まずいな』と思ったときに、そのままいくのではなくて、ひと呼吸置いて落ち着かせてから投げたいと思います」

「おぉ、それはいいね。じゃあ、これからどんなふうにチームに貢献していこうと思う？」

「みんなから信頼されるエースになります」

私の目をしっかりと見ながら答えてくれました。

これで大丈夫。彼は、もう同じ失敗を繰り返さないでしょう。

大切なのは「反省させること」ではなく「成長させること」

失敗を他人のせいにする子を見ると、「失敗したことの責任を感じていない」と思う人は多いでしょう。

しかし、たいていの場合、そんなことはありません。

むしろ、逆なのです。

「失敗したのは自分が悪いから」

そういう意識があるからこそ、それを他人から責められたときに、思わず本能的に自己防衛本能が働いてしまうのです。

ですから、そんな相手を責めてはいけません。

まずは相手の言い分をいったん「そうか」と受け止めてあげて、自己防衛本能の働きを弱める必要があります。

ただし、もちろん、受け止めただけで終わっては、また同じ失敗を繰り返す可能性がありますよね。

そこで、相手の言い分をいったん受け止めたあとは、「今後どうすれば失敗しなくなるのか」を考えさせましょう。

ここで大切なのが「なぜ失敗してしまったのか」という過去のことを考えさせるのではなく、「今後どうすれば失敗しなくなるのか」という未来のことを考えさせるということです。過去の失敗のことを考えさせると、どうしてもネガティブな感情が生まれてしまいます。しかし、未来の成長した自分のことを考えさせれば、ポジティブな感情になり、行動力が生まれます。

会社でも、部下が失敗したときに反省を求める上司が多いのですが、そうした無意味なことはやめましょう。

上司にとって大切なのは「部下に責任を取らせること」ではなく「部下を成長させること」のはずです。

ポイント

失敗を他人のせいにして言い訳するのは、「実は自分にも責任がある」と感じているから。まずはいったん「そうか」と受け止めてあげてから、「今後どうすれば失敗しなくなるのか」を考えさせましょう。

3

「頑張れよ」と励ますのではなく「君ならできる！」と信じる

信じてもらうことで、成果を上げるようになる

キャプテン就任というプレッシャー

チームの代が入れ替わった直後のことです。

新しくキャプテンになった子が、元気がないように見えたので、メンタル講習を終えたあとに声をかけました。

「どうだ？　キャプテンになって」

「やっぱり不安です。『うまくやれないかも……』と思うこともあります」

表情はこわばって、目が泳いでいました。

明らかに義務感やプレッシャーを感じています。

プレッシャーを感じても、それを力にできるタイプならいいのですが、彼の状態を見る限

り、そのようなタイプではないようです。

こんなとき、周りの人間がやってしまいがちなのが、「せっかく大役を任されたのだから、頑張れよ」と励ましてしまうことです。

そのように言われてしまうと、言われた当人は、ますますプレッシャーを感じてしまいかねません。

私は確かめてみました。

「監督からはなんて言われることが多い？」

「『しっかり頼むぞ』とか『お前にかかっている』とか『うまくまとめていってくれ』と言われます」

「そう言われたらどう？」

「プレッシャーと言うか、『やらなければいけない』という気持ちになります」

予想通りでした。

信じるだけで効果があるピグマリオン効果

そこで、私は彼にこう言いました。

「確かにキャプテンはたいへんな仕事だよな……でも、君ならきっとできる。いいキャプテンになると思うよ」

すると、彼は満面の笑顔で「ありがとうございます！」と応えてくれました。

ここでポイントになるのが、「頑張れよ」と〝励ます〟のではなく、「君ならできる」と〝相手を信じる言葉をかける〟ということです。

一九六四年にアメリカ合衆国の教育心理学者ロバート・ローゼンタールが行った実験があります。

ローゼンタールは、アメリカの小学校で「将来学力が伸びる児童を予想するテスト」を実施したあと、「この子は伸びる」と判定された児童のリストを小学校へ送りました。

ただし、実は「将来学力が伸びる児童を予想するテスト」というのは偽りで、小学校に送ったリストは、単に無作為に児童を選び出して作成したものだったのです。

ところが、八ヶ月ほどすぎてから知能検査を実施すると、「この子は伸びる」と判定された児童は、他の児童よりも良い成績を取るようになっていました。

これは、教師が「この子は伸びる」と信じて接したためだと考えられます。

つまり、もともとの素質がどうであれ、教師が「この子は伸びる」と信じて接すれば、児童の成績が伸びることが実証されたのです。

これを、「ピグマリオン効果」と呼びます。

「君ならできる」というメッセージは、このピグマリオン効果を生み出します。

「信じるだけで成績が上がるなんて、そんなうまい話があるの?」と思うかもしれませんが、実際、効果はあるのです。

先ほどのキャプテンの彼も、その後きちんとチームを引っ張っていけるようになり、自身もラッキーボーイ的な存在となって甲子園でも活躍しました。

それは、キャプテン就任直後のプレッシャーに押しつぶされそうだった様子からはとても想像できないような成長ぶりでした。

「君ならできる」というメッセージは、その成長の少なくとも最初の一歩を踏み出すきっかけにはなったのではないかと思います。

上司の一言が部下を勇気づける

このキャプテンのように、大事な役割を与えられたとき、「任された以上、頑張るぞ！」と発奮するよりも前に、「自分にきちんとできるだろうか」とプレッシャーを感じてしまう子が、最近は多くなっています。

「任された以上、きちんと責任を果たさなければいけない」という思いが強すぎて、失敗することへの不安が大きくなってしまうのでしょう。

会社でも、部下にせっかく大事な仕事を任せようとしたのに、部下の方が尻込みしてしまう、というケースはよくあるのではないでしょうか？

こんなとき、上司としては「せっかくチャンスを与えたのに、なんでチャレンジしようとしないんだ」と思うかもしれませんが、そこはグッと我慢。

その仕事を部下に任せようとしたのは、「こいつなら、この仕事をできるはず」と思ったからではないでしょうか？

まずは、そのことを部下に伝えてみましょう。

「お前なら、この仕事をこなすことができる」

上司のその一言が、部下を勇気づけるのです。

ポイント

大役を与えられたとき、発奮するよりも前にプレッシャーを感じてしまう子が多くなっています。そんな子には「頑張れ」と励ますよりも、「君ならできる」と信じてあげることが大切です。

4 「できていないこと」ではなく「できていること」を聞く

「自分はできる人間」という自信が積極性を生み出す

「できていないこと」ばかり気にする選手

メンタル講習のときには、目標実現のための「やることリスト」を作成してもらいます。選手達にそれぞれ「毎日素振りをする」「毎朝ランニングをする」「寝る前にイメージトレーニングをする」などいくつもの「やることリスト」をつくってもらい（中には「朝、犬の散歩をする」なんて言うのもあります！）、それを実行してもらうのです。

その途中経過について話し合ってもらったときのことです。

「ダメだ……」

大きなため息と共に、そんな声が聞こえてきました。

声の主は、主力選手の一人でした。

「どうしたの？」と聞くと、「目標を達成できませんでした」との返事。

ところが、よくよく確認すると、この選手の「やることリスト」達成率は八割以上。まずまずの成績だったのです。

それなのに、「できていない」ところだけに視点が向いているようです。

いっけん殊勝な心がけにも思えるのですが、これは良くない傾向です。

なぜなら、過剰な完璧主義は、「やろうと思ったことができていない自分はダメな人間だ」と自分を否定的に考える思考に陥ってしまうからです。

そうやって自信をなくしてしまうと、「自分はダメな人間なのだから、チャレンジしてもできるはずがない」と諦めてしまい、プレーも消極的になってしまいます。

実際、この選手はクリーンアップを打つのですが、ここ最近は、ずっと調子が上がらず思い悩んでいる様子でした。

大会も近いのに、このまま調子が上がらなかったらまずいでしょう。

「できていること」に目を向ければ自信を持てる

そこで私は、その選手にこう聞きました。

「できていないことはわかった。じゃあ、できていると思うことは？」

すると、その選手はちょっと考えて「八割はできていますね」と、はにかんだ笑顔で答えてくれました。

ここで大切なのは、「できていないこと」だけでなく、「できていること」にもきちんと意識を向けるということです。

確かに、成長するためには、自分が今なにができていないのかをきちんと把握するのは大切なことです。

しかし、できていないこと〝だけ〟に意識を集中してしまうと、先ほど説明したように、「あれもこれもできていない自分はダメな人間だ」と自信を喪失してしまいます。

では、できていることに意識を向ければ、どうでしょうか？

その場合、「あれもこれもできているのだから、自分はできる人間だ」と自信を持てるはずです。

そして、「自分はできない人間だ」と自信をなくしている選手と、「自分はできる人間だ」と自信を持っている選手、どちらがその後、できなかったことまでできるようになるかと言うと、当然、後者なのです。

真面目な選手ほど、できないことにばかり気を取られて自分を責めてしまいがちですので、そのような場合は監督など周囲の人間が「あなたはできる人間だ」と気付かせて、自信を取り戻させてあげることが大切になります。

この選手についても、監督とも話をして、常にできているところに視点が向くようにフィードバックすることにしました。

おかげで大会では主軸を任され、ホームランを含む高打率の活躍を見せてくれる選手になったのです。

「できませんでした」という報告が日常化してきたら要注意！

あなたの会社にも、「ToDoリスト」の一〇項目のうち九項目に完了のチェックマークが付いているとき、「九個済んだぞ！　よっしゃー！」と喜ぶタイプもいれば、「まだ、あと一個終わってないんだよねぇ、困ったなぁ……」と思ってしまうタイプもいると思います。

あなたの部下は、どちらのタイプでしょうか?

後者のタイプの部下には、「九割はできているよね」と、できている方、うまくいっている方に意識を向けてあげることが大事です。

そんなタイプの部下が「今日も五件のアポ取りができませんでした」「資料づくりを終えることができませんでした」などと、「～できませんでした」という報告が日常化してきたら要注意、

もしかしたら、その部下は「自分はダメな人間だ」という思考に陥っているかもしれませんよ。

ポイント

真面目な子、完璧主義な子ほど、できないことに気を取られて、自信を喪失して調子を崩してしまいがちです。そうしたタイプの子には、できていること、うまくいっていることに意識を向けてあげるようにしましょう。

5

「このままではまずい」ではなく「だからこそ」と言う

マイナスの出来事でも、プラスの側面に注目すれば成長の原動力になる

まさかの初戦敗退でマイナス思考に陥ったチーム

春季大会で県大会を制した高校が、その後の北信越大会での初戦でまさかの敗退をしたことがあります。

勝てると思っていた相手に大差で負けてしまったのです。

もちろん、勝つための準備をして臨んでいます。

ただ、その先の試合のこと考えてエースを温存するなど、少しだけ油断したところもあったかもしれません。

「このままだと、ちょっとまずいですかね」

大会後に、そんな言葉が監督の口から出てきました。

試合に負けたことで、これまで培ってきた自信を喪失し、感情がネガティブになっている選手もいると言うのです。私が見たところ、監督自身もネガティブな気持ちになっているようでした。

このように、うまくいかなかったり、失敗したりすると、多くの人はマイナス思考に陥りがちです。

それは仕方のないことでもあるのですが、それをそのまま放っておくと、どんどん自信をなくしてしまい、なにをやってもうまくいかない状態になってしまいます。

確かに、監督の言う通り、何かしら手を打たないとまずそうです。

「だからこそ」を考えれば失敗を乗り越えられる

そこで、次のメンタル講習では、選手達に次のように問いかけました。

「今回の大会は初戦で負けたわけだけど、『負けたからこそ』と思えることを、どんどん出してみてほしい」

すると、選手達は最初は戸惑っていましたが、しばらく考えて、次のような答えを出してきました。

「もっと自分の能力を伸ばすチャンスだと思います」

「（負けたことで）試合でうまくできないところがわかりました」

これはつまり、「試合に負けた」というマイナスの出来事の、プラスの側面を考えてもらったわけです。

こうなるとプラス思考に切り替わり、練習の姿勢も変わります。

結果、その次の夏季大会では優勝して甲子園への切符を手にすることができたのです。

マイナス面のプラスの側面を見つけ、成長を促そう

このように、物事にはすべてプラスの側面とマイナスの側面があります。

そして、そのどちらの面を見ているかで、その後の行動が変わり、結果が変わるのです。

以前、野球解説者の野村克也氏の講演を拝聴する機会がありました。

野村氏は現役時代には三冠王を獲り、名球会入りを果たしていますが、実は常に自身のことを「才能がない」と思っていたそうです。

いつも長島茂雄氏や王貞治氏と比較していて、自信を失っていたと言います。

しかし、だからこそ野村氏は基本に忠実に、努力を重ねるということを繰り返し実践して、成果を出してきたのだそうです。

つまり、野村氏は、マイナスの出来事のプラスの側面を見つける能力に、非常に長けていたのです。

野村氏は、監督としても優勝を何度も経験し、中でも輝きを失った選手を再生して活躍させる手腕は〝野村再生工場〟と評されていましたが、この選手再生の際にも、野村氏のプラスの側面を見つける能力が遺憾なく発揮されたのでしょう。

これは、ビジネスマンにとっても大切な能力ではないでしょうか?

例えば、会社の業績が悪いと、部下は動揺すると思います。そんなときは、「だからこそ、新たなアイデアが採用されるチャンスだ」とプラスの側面を示唆してあげる。

「いつも自分がどう思われているか気になって仕方がない」という部下には「だからこそ、場の空気を的確に読むことができるんだよな」と言ってあげる。

「うちは中小企業だからな」と諦めているような部下には「だからこそ、仕事を任せてもらえ、能力も身につくよね」と言ってあげる。

「髪の毛が薄いから……」と卑下するような発言をする部下には、「だからこそ、若造に見られず、信頼されやすいんだよ」と励ましてあげる。

このように、どんなマイナスだと思うことでも、そのマイナス面のプラスの側面を見つけ、部下のモチベーションを再生することも、上司の役割なのです。

ポイント

うまくいかなかったり、失敗したりすると、人はマイナス面ばかりに目が行きがち。そんなときは「だからこそ」とマイナスの出来事のプラスの側面に目を向けるよう促して、成長をサポートしましょう。

6

「自信を持て」ではなく「ありがとう」と言う

「ありがとう」は、頑張るための大きな原動力になる

名門のプレッシャーに押しつぶされそうな監督

「自信がないんです」

ある日、監督がそんな心のうちを話してくれました。

その高校は、強豪校と言われながらもここ数年は地区大会で優勝から遠ざかっていたので、だんだんと自信が失われていったのでしょう。

名門と言われる高校であるが故に、周囲の目も厳しく、さまざまなプレッシャーに押しつぶされそうな気持ちになると言うのです。

気持ち的には、同情できる話です。

ただ、このまま大会に突入することは危険だと感じました。

なぜなら、どんな組織でもトップ次第だとよく言われますが、高校野球でも同じことが言えるからです。

監督の考えていること、思っていること、感じていることがそのままチームに反映されてしまうんですね。

「自分には無理なんじゃないか」

「能力がないんじゃないか」

そんなふうに諦めながら選手達と接していると、それが選手達にも伝わって、プレーにも影響が出てしまうのです。

「ありがとう」と言われる体験が頑張る力になる

とはいえ、自信をなくしている相手に、単に「自信を持て」と言っても、大した効果はありません。

そこで、その日のメンタル講習では、「『ありがとう』と言われた体験」を話し合うワークを行いました。

「お父さんが車のタイヤ交換をしていたので、タイヤを運ぶのを手伝ったら『ありがとう』と言われて嬉しかった」

「お母さんに『ご飯、おいしかったよ』と言うと、最初はびっくりした顔をされたけど、『ありがとう』と言われた。そうしたら、なんか自分も頑張ろうという気持ちになりました」

そんなふうに、「ありがとう」と言われた体験を、選手達に発表してもらったのです。

これは、「ありがとう」と言われたときの気持ちを思いだしてもらうことで、これからも誰かに「ありがとう」と言われるために頑張ろう、というモチベーションを選手達に持ってもらうのが目的のワークとなります。

「ありがとう」というのは特別な言葉で、誰かに「ありがとう」と言われるのは、頑張るための大きな原動力になるのです。

監督にもそのことに気付いてほしい、という思惑もあって、その日はこのワークを選びました。そして、講習が終わってから、監督に講習の感想や気付いたことなどを振り返ってもらったのです。

すると、監督は次のように話してくれました。

「ずっと否定されていると感じていたことが自信を失わせている原因だとわかりました。飯山さんや選手達の話を聞いていて、なにか自分も『ありがとう』と言われることにチャレンジしてみようという気持ちになりました」

どうやら、プレッシャーを乗り越えるヒントをつかんでくれたようです。

後日、監督と話してみると、さっそく実践した結果を教えてくれました。

「これまで何かと口を出してくるOBなどの方々に、『面倒だな』という気持ちがありましたが、『いつも気にかけてくれて嬉しいです』と伝えると、『いやいやこっちこそ、たいへんな役を引き受けてくれてありがとう。自分達の分まで頼みます』と言われました。なんか頑張ろうって思いましたね」

そう話す監督の顔には、満面の笑みが浮かんでいました。

これならもう、プレッシャーに押しつぶされることはないでしょう。

社内でも活用できる「ありがとう」の力

この「ありがとう」という言葉の力は、ビジネスの現場でも活用できます。

仕事をしていると、「やって当然」と思われることが多いので、意外と「ありがとう」と言われる機会はないですよね。

だからこそ、「ありがとう」という言葉の効果は、絶大なのです。

「いつもおいしいお茶を入れてくれれて、ありがとう」

「いつも会議室を綺麗にしてくれて、ありがとう」

「資料を揃えてくれて、ありがとう」

日常の中でのちょっとしたことでいいので、伝えてみましょう。それだけで、言われた相手が頑張る原動力になります。

口で伝えるのが恥ずかしければ、例えば朝礼のときに、社員同士でお互いにカードを渡すという仕組みをつくってしまうのも手です。

また、自信を失っている部下と一緒に、ボランティアに参加するというのもお勧めです。

ボランティア活動で「ありがとう」と言われる体験を積むことも、自信回復につながります。

ぜひ、「ありがとう」という言葉の力を活用してください。

ポイント

誰かに「ありがとう」と言われるのは、頑張るための大きな原動力になります。特に最近の子は「ありがとう」を言われる機会が少ないので、「ありがとう」と言われる機会を上手につくってあげましょう。

7 「結果が出ませんでした」と落ち込む子には「うまくいったところは？」と聞く

負い目を取り除いてあげれば、改善点を冷静に考えられるようになる

試合で思ったような投球ができなかった投手

「すみません。結果を出せませんでした」

練習試合で思ったような投球ができなかった投手が、監督に頭を下げました。

「お前、なんであそこであんな投球をするんだ！」

監督がすごみます。

まずいです。

これは、選手にネガティブ感情を叩き込んで、能力を発揮できなくしてしまうやり方ですね。

私達の脳は、出来事と感情をセットにして記憶しています。そのときの感情が強ければ強

いほど、記憶にも残りやすいのです。

ですから、結果が出なかったことに対して「なんであそこであんな投球をするんだ！」などとネガティブ感情を叩き込んでしまうと、それが強く記憶され、プレッシャーとなって、同じような場面で同じ失敗やミスを招きやすくなってしまいます。

つまり、ピンチに弱い選手をつくることになってしまうのです。

そもそも、選手は、結果が出せなかったことに対して、自分でも少なからず負い目を感じています。そんなときにさらに追い討ちをかけて選手にネガティブな感情を深く刻ませて〝反省〟させることは、マイナスの結果を生むだけなのです。

「うまくいったところ」を聞いて心をポジティブに変える

これは、フォローが必要な場面です。

監督の話が終わったあとに「一言お願いします」と言われたので、私は、この投手に問いかけました。

「結果としてはダメだったということはわかった。じゃあ、うまく行ったことはなにかないかな？」

するとその投手はしばらく考えたあとに、こう答えました。

「ランナーが溜まったところで、三振で後続を断つことができました」

「そのことは自分ではどう考えているの？」

「良かったと言うか、いい感じだと思います」

投手の表情が、和らいできました。

これで大丈夫。

ここで大事なのは、結果が出せなかったことによる負い目からネガティブになっている意識を、ポジティブな状態に変えることです。そのために、「うまくいったこと」を話してもらったわけです。

意識がポジティブな状態になれば、「改善すべきこと」「次はどうするか」を冷静に考えられるようになります。

実際、その後の大会では、この投手はランナーを背負う場面がいくつもありましたが、要所でしっかりと後続を断つことができました。

部下が成長する報告のプロセス

ビジネスの場面でも、例えば月例会議の売上報告で「先月も目標は未達でした」などと報告されると、「何度同じことばかり言っているんだ！　いい加減にしろ！」と、いつまで経っても結果が出せない部下にイライラすることもあるでしょう。

しかし、そんな会議をしていても良くなることがないばかりか、ますます部下が疲弊していくだけです。

そんな状態にならないようにするには、報告の順序を決めておくといいでしょう。

具体的には、まずは「うまくいったこと」を話してもらいます。

それから、次に「改善すべきこと」を話してもらいます。

そして、最後に「次はどうする」ということを話してもらうのです。

このようなプロセスを踏むことで、部下は結果が出せなかったという負い目に囚われすぎることなく、冷静に自己分析し、成長できるようになります。

ポイント

結果が出せなかったことに対しては、本人も少なからず負い目を感じています。そんなときに追い討ちをかけて反省させるよりも、「うまくいったこと」を聞いてあげることで、冷静な自己分析ができるようにサポートしてあげましょう。

8

「本番が不安です」と言うヤツには「当日朝からのシナリオをつくってみろ」と言う

シナリオ通りに行動すれば万全の状態で本番を迎えられる

大会直前に不安を払拭できない選手達

夏の大会直前になると、選手も監督も、あとは心の準備だけという状態になります。

しかし、この心の準備が意外と厄介なんですね。

「もうやり残したことはないと言い聞かせていても、やっぱり不安ですね。選手達には『落ち着いていこう』と言ってますが、自分自身はなかなか……」

監督も、不安を払拭できない様子でした。

そこで、夏の大会前の最後のメンタル講習では、選手達に「これまで試合で自分の力が発揮できたとき、なにが違ったか」ということを考えてもらいました。

そうすると、面白いことがわかりました。

「球がよく見えていた」

「キャッチャーミットが大きく見えた」

このような試合の中でのことに混じって、試合前のことに関する回答が多く出たのです。

「球場全体を見渡せていた」

「自宅を出るときに『行ってきます！』と元気良く言えた」

つまり、試合中の心の状態もさることながら、試合前の心の状態がその日の調子を決めてしまっていたのです。

試合当日の起床からの行動を決めておく

そこで、選手達の挙げた答えを元に、「試合で自分の力が発揮できる日の行動」についてシナリオをつくってもらうことにしました。

「朝起きたら『よし！　今日は最高だ！』と言う」

「朝食はおいしく食べる」

「自宅を出るときは元気良く『行ってきます！』と言う」

「現地に入る前に『よし行くぞ！』とガッツポーズをする」

このように、試合当日の起床からの行動を具体的に思い描いてもらったのです。

このワークは、思った以上に効果を上げました。

ワークが終わったあとに「試合までどう過ごせば良いかがイメージできたので、安心できました！」といった感想が出たことはもちろんですが、実際にこのワークで細部まで具体的にイメージを描けた選手は、本当にその通りの結果を出して大活躍してくれたのです。

野球の試合がはじまるのは「プレーボール」と球審が言った瞬間だと考えるのが普通だと思いますが、メンタル面で言えば「プレーボール」の合図のずっと前から勝負ははじまっているのです。

本番当日のシナリオをつくって心の準備を整える

ビジネスにおいても、例えば数日後に大切な商談やプレゼンが控えているときなど、資料などはきちんと揃えてあって準備万端であるにも関わらず、なかなか心が落ち着かないということはあると思います。

そうした場合は、起床してからの自分の行動シナリオをつくっておくといいでしょう。

「朝起きたら『よし！　今日は最高だ！』と言う」

「朝食はおいしく食べる」

「自宅を出るときは元気良く『行ってきます！』と言う」

「会社に入るときは笑顔であいさつをする」

「現地に入る前に『よし行くぞ！』とガッツポーズをする」

「自分の順番が来たら『はい！』と元気に返事をする」

このように細部まで具体的なシナリオをつくっておくわけです。

その際のポイントは、「そのように行動したら、本番がうまくいく」とイメージできるかどうかです。

いい形で話しはじめている自分、そしてどんどん乗ってきている自分をイメージできるか？　想定外の質問が来ても慌てないで、しっかりと受け答えしている自分をイメージできるか？　話し終えたとき、聞いていた人が『なるほど』と興味を抱いているとイメージできるか？

そういった視点からチェックして、シナリオを練り上げていくと良いでしょう。

そして、シナリオができたら、あとは当日、その通りに行動するだけです。そうすれば、不思議なくらい心が落ち着いて、万全の精神状態で本番を迎えることができます。

もし、あなたの部下が大舞台を前に緊張しているようなら、前もってこのようなシナリオをつくっておけるようサポートしてあげてください。

ポイント

本番を前に不安に思っていると、緊張して本番で力が発揮できません。本番のみならず本番までの行動を決めていくことで、絶好調で本番を迎えられるようにサポートしてあげましょう。

第３章

不満ばかり口にする子に使命感を与える６つの言い方

1

「自分のために頑張れ」ではなく「誰かのために頑張れ」と言う

「喜ばせたい人」の存在が、燃え尽きにくい心を育てる

自分のために頑張る選手達

高校球児は、夢の甲子園に向かって挑戦を続けているわけですが、そのための練習やトレーニングは辛いものです。それに耐えて頑張るためには、何らかの「モチベーションの源」が必要になってきます。

では、なにがモチベーションの源になるのでしょうか？

それは、「これまで野球をやってきた中で、こんな嬉しいことがあった」という喜びの記憶です。そうした記憶があると、「また、あのときのような喜びを感じたい」という気持ちから、苦しい練習にも耐えて頑張ることができます。

そこで、そうしたモチベーションの源がどんなものかを確かめるため、メンタル講習の中

で選手達に、これまで自分が野球をやってきて「嬉しかった」と思うことを書き出してもらったことがあります。

「学童野球で地区優勝して嬉しかった」
「中学のときに全国大会に出場できて嬉しかった」
「高校でレギュラーになれて嬉しかった」
「大会で逆転の2ランホームランを打てて嬉しかった」
「逆転タイムリーを打たれたときにチームメイトが励ましてくれて嬉しかった」

このようにさまざまな「嬉しかったこと」が出てきたのですが、これらの回答には一つの共通点があります。

なんだかわかりますか?

それは、「自分がなにかをして（もしくはなにかをしてもらって）嬉しかった」ことだという点です。

このように「自分のため」に頑張るというのも、もちろん悪いことではないのですが、それだけだと限界があります。自分のためだけに頑張っていると、辛くなったとき「もうこれで

いいや」と簡単に諦めてしまったり、満足して燃え尽きやすくなります。

実際、高校三年間の途中で燃え尽きてしまい、行動できなくなってしまう選手というのは少なからず出てくるものですが、そうした選手はたいてい「自分のため」だけに頑張っているタイプだったりします。

「自分以外の誰かのため」に頑張れる選手は強い

これに対して、「自分のため」だけではなく「自分以外の誰かのため」に頑張っている選手は、自分が辛いときにも粘れます。

そういう選手が多いチームはやはり強いですし、特に強豪チームのキャプテンは後者のタイプが多いものです。

そこで私は、選手達に問いかけました。

「よし、じゃあ、自分が野球を頑張ったら、喜んでくれる人はいるかな？　これまで、誰かに喜んでもらえて嬉しかったことは？」

すると、こんな答えが挙がりました。

「優勝したときに、両親が喜んでくれて嬉しかった」

「サヨナラ打を打ってベンチに戻ってきたときに、チームメイトが喜ぶ顔を見て嬉しかった」

「先輩から『お前が決めてくれて嬉しい』と言われて嬉しかった」

良い答えです。

このように、具体的に誰かの喜ぶ姿をイメージできると、その人たちのために頑張ろうという気持ちも強くなります。

「よし、じゃあ、これからはその人達のためにも頑張ろう！」

そう締めくくって、その日の講習は終わりにしました。

その成果が出たのでしょう。

その後、このチームはこれまで以上に、どんな逆境でも粘り強く頑張れるようになりました。そして、県大会では九回裏〇点からの奇跡的な逆転優勝を果たしたのです。

喜ばせたい人を具体的に決めよう

会社でも、「給料のため」や「出世のため」といった、自分のために頑張るタイプの人は、一時は成果を上げても、どこかで「もうこれでいいや」と燃え尽きてしまうことが多いものです。

あなたの部下がそうならないようにするには、「喜ばせたい人は?」と聞いて、「自分以外の誰かのため」に頑張ってることを意識させるといいでしょう。

ここで大切なことは、〝喜ばせたい人を決める〟ということです。

可能ならば、喜ばせたい人を一人だけ決めます。その方が明確にイメージを描けるからです。

どうしても一人に絞れないという場合は、家族や職場の仲間としてもいいですが、できるだけ絞り込むのがポイントです。

目標達成することで、上司であるあなたが、そして職場の仲間が喜んでくれる。

その喜ぶ顔が見たいために、目標達成まで集中力を切らさずに邁進する。

部下がこのような気持ちになればいいですね。

ポイント

自分のためだけに頑張っている人は、辛くなったとき「もうこれでいいや」と諦めてしまいます。「自分以外の誰かのため」に頑張ることを意識させ、燃え尽きにくい心が育つようにサポートしましょう。

2

「諦めるな！」ではなく「お前はエースだ！」と言う

「自分はこのような人間だ」という自覚が行動を変える

「エース」としての自覚が足りない投手

練習試合で、エース候補の投手が粘れず、打ち崩されるということがありました。

確かに相手は強豪校ではありましたが、この投手の実力からすれば、普段通りのピッチングをすれば十分抑えられる打線です。

「お前、なんであそこで諦めるんだ！　もっと粘らなきゃダメだろ！」

試合後に監督の怒号が飛びます。

ところがこの投手、まるで反省の色がありません。

一応は「はい」と返事しながら監督の話にうなずいていますが、明らかに頭に入っていないようです。

監督に話を聴くと、この投手はこれまでも、なぜか突然崩れて得点を許すということが何度もあったそうです。

しかも、マウンドでの態度が良くないそうで、打たれて得点が入ると、すぐに表情や態度に出てしまうということでした。

どうやら、エースとしての自覚が足りないようです。

自覚すれば行動が変わる

そこで、後日のメンタル講習では、「自分を表す言葉」をできるだけ多く書き出してもらうワークを行いました。

書き終わったところで、前述の投手に、書いたものを発表してもらいます。

「男性」「一七歳」「〇〇高校の生徒」「〇〇高校野球部の部員」

「ピッチャー」「身長が一八〇センチ」「体重が七五キロ」

「足の大きさ二七・五センチ」「野球が好き」「AKB48の〇〇が好き」……

思った通り、どうでもいいことばかりで、チームの中での立場や役割に関する言葉がありません。

「大事なことが抜けてないか？」

そう聞いてみても、なかなか言葉が出てなかったのですが、隣のキャッチャーの選手がすかさず耳打ちして、ようやく気付いたようです。

「エースです」

その言葉に、私は大きくうなずき、言いました。

「そうだな。これからはそのことを忘れないように」

「はい！」

このことで、エースとしての自覚が芽生えたのでしょう。その後、この投手の生活態度や練習での態度が変わりはじめました。

そして試合でも、「自分がゲームをつくる」という意識を持って臨むようになったのです。

自己評価の低い部下に「自覚」をプレゼントしよう

この投手に限らず、人間は「自分はこのような人間だ」と思った通りの人間になります。自分を「エースだ」と思えばエースに育ち、「そこそこのレベルだ」と思えばそこそこのレベルで成長を止めてしまうのです。

あなたの会社にも、本当はもっと能力があるはずなのに、なぜか途中で努力を放棄して、能力以下の成果しか出せない部下はいないでしょうか？

そのような部下を見ると、「もっと粘れよ」「諦めずに頑張れよ」と言いたくなるかもしれませんが、ちょっと待ってください。

そうした部下は、自分のことを「その程度の人間」と思い込んでいるかもしれません。

ですから、そのような部下には「本当はもっと能力があるんだ」ということを気付かせ、自覚させてあげましょう。

「社内の誰よりも明るく元気なあいさつができる」

「社内でダントツの技術を持っている」

「社内でもっとも優れた話術を持っている」

「社内で一番の笑顔美人だ」

なんでもいいのです。自分の能力、魅力を自覚すれば、それにふさわしい立ち居振る舞いをするようになります。

あなたの部下に「自覚」をプレゼントしたら、どのような行動をはじめるでしょうか?

ポイント

人は「自分はこのような人間だ」と思った通りの人間になります。自分のことを「この程度の人間だ」と過小評価している人には、正当な評価を自覚させ、行動を変えるきっかけを与えてあげましょう。

3 「今どんな状態？」ではなく「変えるとしたらなにができる？」と聞く

自分が動くべきこととして考えさせれば、使命感が生まれる

チーム内のギクシャクを受け入れてしまう選手達

メンタル講習をしている高校で、チーム内がなにかギクシャクしているな、と感じたことがあります。

そこでそれとなく探ってみると、やっぱりありました、不満の種が。

どうも、上級生は下級生に対して「自分達のフォローをしようという気持ちがない」と不満を抱き、下級生は上級生に対して「どうして欲しいのかがわからない」と思っているようなのです。

高校野球ではチームワークが求められますから、これはまずい状態です。

そこで選手達に「今チームはどんな状態？」と聞いてみたのですが、答えは意外なもので

した。

「いい状態だと思います」

「別に問題もなく、いい感じだと思います」

「可もなく不可もなく、いい状態だと思います」

それなら安心……というわけにはいきません。

要は、表面上で取り繕っているだけなのです。これでは、大事なところでチームワークを発揮することはできません。

しかも、この回答には「これでいいや」という、半ば諦めの気持ちが表れています。

この環境を変えていこう、現状を打開していこう、もっとチームをよくしていこうというモチベーションが感じられないのです。

これは放置しておくわけにはいきませんでした。

自分が動くべきこととして考えさせよう

そこで、私は質問を変えました。

「じゃあ、もし今のチームの状態を、もっと良いものに変えるとしたら、自分にはなにができる？」

するとみんなしばらく黙っていましたが、上級生の一人が意を決したように答えてくれました。

「自分が上級生と下級生の橋渡しになります」

すると、この答えを聞いて触発されたのでしょう。

下級生からもこんな発言が出ました。

「上級生に任せきりにしないで、自分達でできることを考えて上級生をフォローします」

この瞬間、チームが変わりはじめました。

今の環境に満足していない人であっても、今の環境を否定して、環境をより良い方向に変えていく責任を自分が持とうという覚悟を決めるのはたいへんなことです。

ですから、誰もが「今のままじゃいけない」と思いつつも、たいていは「誰かが変えてくれないかな」と期待するだけで、自分から動こうとはしないものです。

そのような状態を打破するためには、やはり誰かが、動き出すきっかけをつくってあげる必要があるのです。

会社のせいにする部下にも有効

このような状況というのは、会社でもよくあるでしょう。

あなたの職場にも、うまくいかない理由をいつも会社のせいにしたり、他の部署のせいにしたりする部下はいませんか？

そのような部下には「君がこの状況を変えるとしたら、どのようにする？」と問いかけてみましょう。

「君が」と問うことで、自分を主語にして考えてもらうわけです。

おそらく「わかりません」「知りません」「できません」といった類の回答もあるでしょう。

それでも、具体的な〝なにか〟が出てくるまで辛抱強く待ちます。先にギブアップしてはいけません。

「自分がやろう！」という使命感はちょっとやそっとでは出てきません。

しかし、部下が自分の果たすべき役割に気付いたとき、使命感が生まれ、仕事に対する姿勢も変わります。

上司には、部下と一緒にその役割について考える姿勢が求められるのです。

ポイント

今の状況が悪いと感じていても、自分から動き出すくらいなら、諦めて今の状況を受け入れてしまおうとする子も少なくありません。そのような子には「変えるとしたらなにができる？」と聞いて、自ら動き出すきっかけをつくってあげましょう。

4

「やれと言われたから」と言う子には「なぜやるんだと思う？」と聞く

意味を自分で考える習慣が付けば、使命感が湧いてくる

社会体験の意味を考えない選手達

最近は、教育の一環として、生徒をボランティア活動や地域のアルバイトなどに参加させ、社会体験をさせる高校も多いようです。

私がメンタルコーチを務める高校の野球部でも、年末年始に郵便局で社会体験をさせています。

目的は「選手達の人間的成長」などいろいろあるのですが、このような活動は「選手達がどのように感じているのか」がとても重要になります。

そこで、社会体験に入る前の講習で、選手達に「なぜ郵便局の仕事をやるのか？」と問いかけてみました。

するど、残念なことに、次のように答えた選手がいました。

「やれと言われたので」

「これまでも毎年やってきているから」

確かにそうかもしれませんが……このような回答をする選手達は、社会体験をさせても、まったく意味がありません。

ただ「やれと言われたからやった」というだけの時間の浪費になってしまい、何も得られないでしょう。

せっかく社会体験をするのですから、このままではもったいないですね。

個人ではなくチーム全体の視点から考えさせよう

そこで、私は選手達に問い直しました。

「じゃあ、ちょっと質問を変えようか。今、チームにはどんな問題があると思う？」

すると、次のような回答が挙がりました。

「個人の強さが足りない」

「やり抜こうという強い意思が弱い」

「チームとしてのまとまりに欠けている」

「なれ合いになっている」

「厳しさが足りないかも」

なるほど、さすがに自分達のチームのこととなると、よく考えているようです。

「なかなか良い指摘だね。それでは、ここでもう一度考えてみよう。なぜこのチームは、年末年始に郵便局の仕事をするのかな?」

「あっ、そうか……自分の弱さに勝つためと、みんなと力を合わせてやり抜こうというチームワークをつくるためです」

どうやら、自分なりに、この社会体験の意味を見つけられたようです。これなら、この社会活動も無駄にならないでしょう。

仕事の意味を自分で考える習慣を付ける

会社で仕事をする上でも、同じことが言えるでしょう。

与えられた仕事に対して、「なぜ、この仕事をするのか」を考えず、「やれと言われたからやっています」と言う部下は、なかなか成長しません。

これに対して、自分が与えられた仕事のみならず、会社全体の仕事の流れを考え、その全体の流れの中で自分の担当する仕事がどういう位置づけで、どういう役割を担っているのかを考えられる部下は、どんどん成長していきます。

「この仕事が、会社の中でどのような意味を持つのか？」

「今の会社の課題に対して、どのように役立つのか？」

部下に仕事を与える際には、そのようなことを考えるよう促すといいでしょう。

ただし、「この仕事にはこうした意味がある」と答えそのものを与えるのではなく、あくまで部下が自分で意味を見つけられるようにサポートしてあげてください。

なぜなら、「仕事の意味を自分で考える習慣を付ける」ということが大切だからです。

ポイント

「やれと言われたからやる」と言う姿勢では、なにをやっても吸収するものがなく、成長できません。仕事を与えるときには、「なぜ、この仕事をするのか」という意味を自分で見つけられるようにサポートしてあげましょう。

5

「責任感を持ってやれ！」と叱るのではなく「君がやる理由は？」と聞く

責任感でなく使命感を意識させれば、積極性が生まれる

どうあるべきかに迷うキャプテン

メンタル講習前に練習を見ていたときのことです。

「お前がキャプテンだろ！　もっと責任感を持ってやれ！」

監督の怒号が聞こえてきました。

「おっ、なにがあったのかな」と思って声がした方を見ると、監督がキャプテンを叱咤しています。

キャプテンは、高校野球などのチームスポーツではもっとも重要なポジションです。

監督の意向を汲んでチームに浸透させるのもキャプテンの役割ですし、チーム内のいざこざなど面倒なことを収めていくのもキャプテンです。

キャプテンの人選を間違えるとチームのモチベーションが変わりますから、監督はキャプテン選びにかなり苦労しますし、そのように苦労して選んだキャプテンに対しては、期待も高くなります。

だからこそ、その高い期待に応えきれないキャプテンを見ると、つい怒鳴ってしまうのでしょう。

その気持ち自体はよく理解できます。

もっとも、私が見たところでは、キャプテンは別に責任感を感じていないわけではなさそうでした。

ただ、キャプテンとしてどうあるべきかに迷っているという感じだったのです。

それが監督には物足りなく感じられたのでしょう。

このような場合、「もっと責任感を持ってやれ！」と叱咤するのは、あまり良い方法ではありません。

そのように言ってしまうと、責任感に押しつぶされて「もしかしたら自分には無理なのかも」と自信をなくしてしまうことにもなりかねないのです。

これは、フォローが必要なようです。

「自分でなくてはならない理由」が使命感を生み出す

そこで、その日の練習後の講習では、選手達に「今のポジションが、自分でなくてはならない理由はなにか？」を考えてもらいました。

キャプテンはずいぶん考え込んでいましたが、次のように答えてくれました。

「自分は技術的に優れているわけではないけれども、甲子園でプレーするという強い気持ちは誰にも負けません。それが、自分がキャプテンになった理由だと思います」

話を聴いていた監督もうなずいています。

私は言いました。

「そうか。だとしたら、君がキャプテンとして果たすべき使命はなんだ？」

「この強い気持ちでチームを甲子園に導くことです！」

そう答えたキャプテンの声は、力強いものでした。

どうやら、自分なりの「キャプテン像」が明確になり、迷いが吹っ切れたようです。

ここでのポイントは、「（監督から課された）責任」ではなく「（自分だから果たせる）使命」を聞いたことです。

そのように聞くことで、キャプテンというポジションへの意識を、「監督から与えられた役割」から「自分の力が活かせる、自分がやるべき役割」へと切り替えさせたのです。

その後、彼は言葉通り、キャプテンとしてチームをしっかりまとめ上げ、甲子園へと導きました。

責任感ではなく使命感に訴える

会社でも、「せっかく期待して重要なポジションを任せたのに、部下が相応のやる気を見せない！」と嘆く上司をよく見かけます。

一方で、最近の若いビジネスマンの声を聞くと、「あまり出世したくない」と思っている人が多いようです。

これは別に欲がないわけではなくて、「責任ばかりが重くなって、いいことがないから」というのが、その主な理由とか。

そんな部下に「責任感を持って仕事をしろ！」と叱咤しても、やる気を出すどころか「それでは降格してください」と思われるのが関の山でしょう。

ただし、そのことで「いまどきの若者はやる気がない」と思い込むのは早計です。

なぜなら、ボランティア活動に熱心に取り組んだり、社会起業と呼ばれる社会問題を解決する起業に関心を寄せる若者も増えてきているからです。

そうした若者のモチベーションの根底にあるのは、「（誰かに）任されたから」という責任感ではなく、「自分がやらねば誰がやる」という使命感です。

つまり、今の若者を動かすのは、責任感ではなく使命感なのです。

したがって、部下に仕事を任せる際には、「なぜ、その仕事を自分がやるべきなのか」について考えるよう促してみましょう。

「自分がその仕事をやる意味」が自覚できている部下ほど、使命感を持って良い成果を出してくれるはずです。

ポイント

あまり責任感を強調すると、責任感に押しつぶされて「自分には無理」と自信をなくしてしまう子も多いもの。「(この仕事は)自分だからできる、自分がやるべき」という使命感に気付かせることで、積極性を引き出しましょう。

6
「感謝の気持ちを持て」ではなく「恩返しをしたい人は？」と聞く

感謝の気持ちを取り戻せば、どんな壁も乗り越えられる

頭ではわかっていても感謝できない選手達

メンタル講習で「普段からどんな言葉を意識しているか？」という問いかけをしたことがあります。

そのとき、選手達から返ってきた答えで、圧倒的に多かったのは『感謝』という言葉でした。

なるほど、これはいい言葉です。

感謝の気持ちがあれば、苦しい状況であっても肯定的に受け取れるようになり、逆境や壁を乗り越えられるようになります。

「苦しい環境のおかげで成長できた。ありがたい」

「あのときのケガがあったからこそ今の自分がある。ケガに感謝です」

優秀な選手ほど、そうしたセリフを口にします。

しかし、その一方で、感謝することが大事だと頭ではわかっていても、どうしても普段は感謝の気持ちを忘れがちになってしまう選手もいるものです。

そのような選手は、普段の言葉を聞いていると、グチや不満ばかり多くなっています。

厄介なのは、そのような選手に「感謝の気持ちを持て」と言っても、問題が解決しないことです。

彼らは、もともと「感謝することが大事」だと頭ではわかっています。

ですから、言葉で言われただけでは、「それはわかっているけど……」という反応になってしまっておしまいなのです。

忘れていた感謝の心を取り戻す

それでは、なぜ彼らは頭ではわかっているのに感謝できないのでしょうか?

それは、人間の心に「感謝しない状態が長い間続くと、なかなか感謝できなくなってしま

う」という性質があるためです。

したがって、彼らの心を感謝できる状態に戻してあげるためには、感謝するきっかけをつくってあげる必要があります。

具体的には、まず「恩返しをしたいと思っている人は？」という問いかけをします。

厳しくして成長させてくれた人や心配してくれた人、お世話になった人などを思いだしてもらうのです。

そして、「今名前を書いた人に感謝の言葉を書いてみよう」と言って、その人に感謝する理由と、どんな恩返しをするのかを書いて、発表してもらいます。

実際に指導先のチームでこのワークを行ったときには、発表の場で涙を浮かべながら話す選手が何人も出てきました。

そして、その後は練習中のグチや不満が、目に見えて減りました。

ワークを行って感謝するきっかけをつくってあげたことで、選手達の心が「なににでも感謝しやすい状態」になったのです。

感謝の言葉を実際に伝えると効果的

ビジネスの現場でも、感謝の心が大切なことは言うまでもないでしょう。

お客様や職場の仲間への感謝の気持ちがある人とない人では、当然、仕事に取り組む姿勢も変わってきますし、結果も違ってきます。

ですので、私は企業のコンサルティングの際にも、先ほどの「感謝するワーク」をよく行っています。

つまり、これまでの人生の中で、お世話になった人や心配してくれた人、厳しくしてくれた人などを思いだしてもらい、その人達に感謝の言葉を書いてもらうのです。

そして、できたら実際にその人達に会いに行ってもらい、口頭で伝えてもらいます。

中には感謝したい相手がすでに亡くなっている場合もありますが、そのような場合はお墓などに行って実際に伝えてもらいます。

実際にやってみるとわかりますが、このワークを行うと、感謝の気持ちがあふれ出し、やる気がみなぎってくるはずです。

ぜひ、まずはあなた自身が体験して、実感してみてください。その効果には驚くと思いますよ。

ポイント

感謝しない状態が長い間続くと、心がなかなか感謝できない状態になってしまいます。そのような人の心を感謝できる状態に戻してあげるために、感謝するきっかけをつくってあげましょう。

いまどきの子の
やる気に
火をつける
メンタル
トレーニング

第４章

なかなか行動を起こさない子を動かす８つの言い方

1

「なれたらいいな」ではなく「なった！」と言わせる

「できたつもり」にさせれば、本当にできるようになる

「甲子園に行けたらいいかな」では夢は叶わない

メンタル講習の中では、よく自分の目標について語ってもらいます。

このとき、表現の仕方で、その目標が達成されるかどうかがある程度わかります。

「甲子園に出場することです」

「甲子園でホームランを打つことです。バックスクリーンに打ち込みます」

「ドラフトで指名されて、○○の球団に入ります」

このように「～です」と断定的に表現できる選手は、実際にその目標を達成できる確率が高いでしょう。

しかし、中には、次のような表現を使う選手もいます。

「甲子園に行けたらいいかなと思います」

「レギュラーになれたらいいなと思っています」

このように、「なれたらいいな」と表現する選手は、基本的には本気で「そうなりたい」とは思っていません。「できればね」という感情が入っているのです。

そのため、目標を達成できる確率が低くなります。

「そんな言葉尻だけで判断していいの？」と思うかもしれませんが、実際、こうした言葉遣いの違いが、その後の行動にも影響してくるのです。

例えば、メンタル講習では、その目標に向かって自分が取り組む課題を書き出してもらうことがありますが、目標を「甲子園でホームランを打つ」などと表現している選手は、課題も「毎日家で素振りを五〇〇回やる」などと具体的に書いています。

一方、目標を「なれたらいいな」と表現している選手は、課題も「身体を鍛える」などと抽象的な表現にとどまっています。つまり具体的に取り組むイメージができていないわけです。

これでは、結果が変わるのも当然でしょう。

「甲子園に行けた」つもりにさせる

そこで、「なれたらいいな」というような表現をする選手には、私は「そうなった」という表現で言い直してもらいます。

例えば、次のように言い直してもらうわけです。

「甲子園に行きました！」

「レギュラーになりました！」

このように「そうなった」という表現で言い直すと、脳は「そうなった」自分をイメージし、そのときになにが実現されているのかを考えはじめます。

そして、そのイメージに近づくためになにがあればいいか、なにをすればいいかと具体的な行動を思い描くことができるようになるのです。

実際に、「そうなった」という表現で言い直してもらったあとに、その選手にこれから取り組む課題について考えてもらうと、次のような表現に変わりました。

「自分の強みである足の速さにもっと磨きをかけるために、毎朝三〇本ダッシュをします」

「練習を支えるために用具の整備を一番最初にやります」

このように課題を具体的に考えられるようになれば、一安心。

彼らはきっと、目標を実現できるでしょう。

目標を達成した状態から逆算してイメージさせる

「言霊」という言葉がありますが、メンタルコーチの仕事をしていると、言葉の力をまざまざと感じることが少なくありません。

言葉遣いを変えるだけで行動が変わり、結果が変わるということがよくあるのです。

ビジネスマンに対するコーチングの際にも、このように言葉遣いを変えて言い直してもらうという手法はよく使います。

例えば目標を聞くと「今期の売上が達成できたらいいなと思います」と言う人はよくいますが、そういう人は本音では次のようなことを考えています。

「でも難しいんだよね」

「今期は無理っぽいかな」

こんな意識のままでは、売上の達成どころか、仕事へのモチベーションも低いままになってしまうでしょう。

そういう場合、「売上が達成できました。ありがとうございました」と言い直してもらってから、「今回なぜ○○円の売上が達成できたかと言うと……」と達成できたことを逆算して話してもらうようにしています。

このとき、話を聞きながら「おぉ、それはいいね」「そりゃあ、面白い」といった反応をしてあげると、場が盛り上がり、発表した人も売上を達成するのが待ち遠しく感じてきます。

たったこれだけのことで、本当に売上を達成できるようになる人も多いのですよ。

ポイント

「～できたらいいな」「～なれたらいいな」という言葉を使う子は、本音では諦めていることがほとんどです。「できた」「そうなった」という表現で言い直してもらうことで、達成状態をイメージできるようサポートしてあげましょう。

2 「努力します」ではなく「やります！」と言わせる

言い直してもらうだけで、やる気モードに切り替わる

「努力します」と言う選手は、実際にはやらない

「四球の数を減らせるよう努力します」

「打率三割になるよう努力します」

「毎試合盗塁できるよう努力します」

メンタル講習で大会に向けた目標宣言をしてもらうと、「努力します」のオンパレードになることがあります。

聞いていて、「おいおい大丈夫か？」という感じです。

「努力します」という言葉は、いっけん前向きに思えるかもしれませんが、実はまったく逆の意味の言葉なのです。

なぜなら、この言葉の裏には、次のような本音が隠れているからです。

「努力はするよ。でも努力しても達成しなかったら仕方がないよね」

同様に「〇〇したい」という言葉もよく使われますね。

この表現も、いっけん前向きでありながら、実は「〇〇したいと思っているんだけど、現実には難しいよね」と一種の諦めの感情が入っています。

先の例と組み合わせて「努力したいと思います」なんて言葉が出てきたら最悪です。

これでは最初から「やらない」と言っているのと同じなのです。

言い訳の入る余地がない言い方にする

このような場合、私は発表の内容をすべて「やります！」に変えて、もう一度発表し直してもらいます。

例えば、次のような感じです。

「四球の数を減らします！」

「打率を三割にします！」

「毎試合盗塁を決めます！」

このような表現をした瞬間に、「努力しても達成しなかったら仕方がないよね」「○○したいけど、現実には難しいよね」という言い訳の入る余地はなくなります。

そのため、脳は否応なしにプラス思考になり、言っていることを実現しようという「やる気モード」に入るのです。

実際、「やります！」に言い換えて発表してもらったあとは、選手達の表情がかなり変わります。

「絶対やるぞ」という覚悟の決まった顔になるのです。

会社でも、会議やミーティングで、部下が「達成できるよう努力したいと思います」とか「できるように努力したいと思います」といった表現をしてしまうこともあると思いますが、そんなときは、ウソでもいいから、心の中ではできないと思っていてもいいから、「達成します！」「これをやります！」という表現をしてもらうようにしてみてください。

それだけでも、実際の行動力がずいぶん変わりますよ。

脳は否定形をイメージできない

なお、「やります！」に言い換える方法については、注意事項が一つあります。

それは、「否定形の言葉は使わない」ということです。

「緊張しないようにします」

「遅刻しないようにします」

「眠らないようにします」

このような「〇〇しないように」という表現は使ってはいけません。

なぜなら、脳は否定形をイメージできないからです。

そのため、例えば「緊張しないようにします」と考えると、「緊張する」状態をイメージしてしまい、そのイメージでかえって緊張しやすくなってしまうのです。

ですから、このような場合は、「やります！」という表現になるように言葉自体を言い換えてもらうようにしましょう。例えば次のような感じです。

「落ち着きます」

「〇分前に到着します」

「起きています」

このように肯定形になるように言い換えることで、脳がその状態をイメージできるようになるのです。

ポイント

「努力します」と言う子は、頭の中で「達成しなかったら仕方ない」と言い訳をしています。「やります」と言い直してもらい、脳をやる気モードに切り替えるサポートをしてあげましょう。

3

「どうせ無駄」と言う子には「それでもできることは？」と聞く

いったん行動させれば「やって良かった」となる

大したことのないケガでやる気をなくした主力選手

冬場の練習で手首をケガした二年生がいました。主力選手でしたが、ケガのせいで思うような練習ができない状態になってしまったのです。

「このようなときこそ頑張って、早く復活してほしい」

指導者としてはそう願うのが当然ですが、そうした願いとは裏腹に、こうしたことがきっかけでドロップアウトしてしまう選手は多いものです。

心配になった私は、監督に聞いてみました。すると……。

「もともと実力のある選手だし、復活してくれると信じているんです。ただね……」

こう言って、言葉を濁すのです。

「なにか気がかりなことでもあるんですか？」

「メンタルが非常に弱いんですよ」

どうも、ケガは大したことないはずなのに、みんなから遅れを取っていることをケガのせいにしているらしいのです。

このままでは、この選手の高校野球が終わってしまうなと感じた私は、この選手と直接話してみることにしました。

ボール拾いをしている彼に声をかけます。

「ケガの調子はどう？」

「はい、少しずつ治ってきています」

そう返事が返ってきましたが、顔の表情から明らかにやる気のなさを感じます。

「ケガしたのは手首だよね。ケガしていない足腰は鍛えられるよね」

「え〜と……どうせ今からやっても間に合わないですし、今年は無理かなと思っています」

やっぱり、気持ちがかなりネガティブに傾いています。

「どうせ」「だって」「でも」という言葉が出たら、要注意なのです。そのような言葉のあとに続くセリフを考えてみてください。

「どうせ、うまくいきっこないから……」

「だって、○○さんがこうしろと言ったので……」

「でも、そうは言っても……」

どうしたって否定的なセリフになります。

こんなセリフを言って練習をサボっていたら、ますます他の選手との差が開き、どんどん復帰が遠のいていきます。

これは、なんとかしなければなりません。

「今すぐできること」をやらせれば気持ちが変わる

そこで私は、彼にこう言ってみました。

「そうか。じゃあ、ベンチ復帰はともかくとして、今からできることをやってみようか」

「えっ？　いや……でも……」

戸惑う彼に、だめ押しします。

「できることはあるだろう。すぐにでもやれることは？」

するど、ランニング、ダッシュ、スクワットなど、足腰を鍛えるメニューが彼の口から出てきました。

「今言った中で、とにかく『これだけは春まで徹底して続ける』ということを決めるとすると、どれ？」

「ダッシュです」

「そうか、ダッシュか。じゃあ、徹底的に鍛えて盗塁王になれ！」

このように、ネガティブな気持ちに囚われて「どうせやっても無駄」と行動を起こせないでいる子には、とにかくなんでもいいので「やってみよう！」と声をかけて背中を押してあげることが大切です。

最初は「やっても無駄」と思いながらでも、実際に行動すれば、行動しただけの成果は出るので、結局は「やってみると意外と良かった」ということになります。

こうなると、本人も「やっても無駄」という思い込みが外れて、気持ちもポジティブになっていきますね。

結局、この選手はその後、春季大会で無事背番号をもらって復帰を果たし、自慢の足を活かした走塁で、何度も好機をつくる選手になりました。

閉塞感があるときはとにかく動かしてみる

販売会議などの会議の場でも、部下達からネガティブ発言が出て、場に閉塞感が生まれることがあると思います。

「どうせやっても変わらないから」
「だって○○部長が言ったから」
「でもそれは前もやったことがありますから」

そんなネガティブ発言のオンパレードになったときは、「よし！　じゃあ、今すぐできることはなんだろう？　それをやってみよう！」と言ってみる。そして、**とにかく動かしてみることです。**

動くと結果が出ます。その結果を見て、また次の手を打っていけばいいわけです。

結果を想定することは大事ですが、そのために動けなくなってしまうようでは困ります。

行動からしか結果は生まれませんから。

結局は、やってみないとわからないですからね。実際にやってみると、予想もしなかった結果が出るかもしれませんよ。

ポイント

「どうせ」「だって」「でも」と何かと理由を付けて前に進もうとしない子には、とにかく行動させてみることも大事です。「今すぐできることはなんだろう？」と問いかけて、行動を促してみましょう。

4

「一〇〇〇スイング」ではなく「朝二〇〇、昼五〇〇、夜三〇〇スイング」と言う

やったことのない大きな目標も小さく分解してあげれば実行できる

足りないと思いつつ一〇〇〇スイングしようとしない選手達

野球で「打力を向上させて、得点力を上げてたい」と思ったとき、どうすればいいでしょうか？

真っ先に思い浮かぶことは素振りをすることです。

そこで、監督とも相談して、メンタル講習をしている選手達に聞いたことがあります。

「毎日どれくらい素振りしている？」

答えは、だいたい三〇〇～五〇〇スイング程度ということでした。

「そうなんだ。じゃあ、その回数で甲子園でどんどん打てるようになると思う人は？」そう尋ねてみると、誰も手を挙げない。

そりゃ、そうです。

甲子園で勝つためには、地区予選を勝ち上がってきた投手を打ち崩さないといけない。そのために必要な素振りの回数としては三〇〇～五〇〇スイングでは物足りないということは、選手自身も認識しているわけです。

それなのに、なぜ三〇〇～五〇〇スイング程度しかしないのかと言うと、「自分達はこれくらいしかできない」と、勝手に思い込んでしまっている可能性があります。

そこで私は、その思い込みの壁を破るために、行動目標を与えることにしました。

「よし、わかった。では、これから毎日一〇〇〇スイングやろう！」

案の定、目を丸くしたり、「なにを言ってるんだこの人は」というような表情で失笑したりする選手が大半です。

「毎日一〇〇〇スイングすることは不可能だと思う人は？」

そう質問すると、ほとんどの選手が手を挙げました。

やっぱり、「自分達にはできない」と、勝手に思い込んでしまっています。

ただし、現実問題として、毎日一〇〇〇スイングというのは決して不可能な数字ではありません。甲子園で活躍するようなチームなら、毎日一〇〇〇スイング以上の素振りをこなしている選手はたくさんいます。

それなのに自分には不可能だと思い込んでいるのは、単にこれまでやったことがないから、毎日一〇〇〇スイングする自分をイメージできないだけの話なのです。

分解して考えれば「できそう」に変わる！

そこで私はこう言いました。

「よし、じゃあ例えば、朝起きたら二〇〇スイングするのはどうだ？　時間にして20分あればできるだろう」

「あ〜、それなら……」

選手達はうなづいています。

「それから、家に帰って夕食を摂ってから寝る前に三〇〇スイングする。これも30分あればできないか？」

「はい」

ちょっと「できるのかな」と不安な表情の選手もいましたが、大丈夫そうです。

「そして、練習中にはこれまで通り、五〇〇スイング。バッティング練習やティーバッティングなどを含めると、無理な数字じゃないだろう。これで合計、一日一〇〇〇スイングだ。どうだ？　本当に不可能か？」

そう聞くと、キャプテンが「なんかできる気がしてきた……」と言ったあとに「よしやってみよう！」と言ってくれました。

そして、実際に翌日から一日一〇〇〇スイングにチャレンジすることになったのです。

もちろん、いきなり全員が毎日一〇〇〇スイングできるようにはならなかったのですが、それでも実際にやってみると「頑張ればできるかも」という雰囲気に変わってきました。

そして、「これが続けられたら甲子園で勝てるかも」と、チームのモチベーションがどんどん上がっていったのです。

「できそう」に変わればモチベーションも上がる

このように、これまでの経験などから、自分のイメージの中で勝手に「これ以上は無理、で

きない」と枠をつくってしまって、大きな目標にチャレンジしようとしない子は、よくいます。

そういった場合は、その目標に到達するプロセスがイメージできるように、小さく分解してあげましょう。

「これならできるかな」と思えるところまで、小さな単位に分解していくのです。

営業のコンサルティング、コーチングサポートなどでお世話になっている保険営業の支店がありますが、そこのマネージャーさんから相談されたことがあります。

「部下が『ノルマがきつい』と言って、目標が達成できない理由にしているんですよ。どう言ってあげればいいでしょうか？」

こういう場合も、理屈は同じです。

営業目標で言えば、単に結果の数字だけを追いかけるのではなくて、数字をつくるプロセスに注目して、具体的な行動目標をつくっていけばいいわけです。

例えば、「毎日○件、アポイントを取る」「そのうち△件、話を聞いてくれる人をつくる」といった感じです。

後日、このマネージャーさんから報告がありました。

「部下に最終的な目標を意識させるのではなく、日々の行動目標に集中させたら、少しずつですが数字が上がってきました」

しかも、部下の表情も明るくなってきたということで、良いことづくめの結果となったそうです。

ポイント

大きな目標に「とても無理だ」とチャレンジしようとしない子は、単に達成できるイメージが持てないだけかもしれません。そのような場合は、小さな単位に分解してあげれば、「これならできるかな」と気持ちが変わります。

5

「面倒だな」ではなく「よっしゃー!」と言わせる

かけ声をポジティブにするだけで成績が上がる

基礎練習を面倒がる選手達

メンタルの講習の中で、「練習で『いやだな』とか『面倒だな』と思うことを、いくつでもいいから挙げてみよう」という課題を出してみました。

すると、出るわ出るわ。

素振り。

ノック。

ベースランニング。

強くなるためには、どうしても必要なことばかりなのに……。

残念ですが、このように素振りやノック、ベースランニングに対して「面倒だな」「ダルいな」「やってらんない」という反応をしていては、どれだけ練習しようが、何時間練習しようが、成果が出ることはありません。

なぜなら全力で取り組まないからです。手を抜いて適当にやっていて、能力が向上していくということはありません。

これでは大事なところで力を発揮できなかったり、ミスが多くなるわけです。

かけ声を変えるだけで練習が楽しくなる！

そこで、選手達に「これらの練習を面白いと感じるためにはどうしたらいい？」と質問をしてみました。

そうしたら、次のような答えが返ってきました。

「タイムリーヒットを打っている場面をイメージしながら振る」

「華麗な守備でスタンドが盛り上がることを考える」

いい答えです。私は言いました。

「では、そういうイメージが浮かぶように、かけ声を楽しくなるようなものに変えよう。例えば……

・「素振り」と言ったら「やります！」
・「ノック」と言ったら「よっしゃー！」
・「ベースランニング」と言ったら「最高！」

これを笑顔で言うようにしよう」

なぜこのようなことを決めたかと言うと、選手の脳に「練習は楽しいもの」というイメージをインプットしたかったからです。

高校などでメンタルトレーニングを行う際に、とても重要視していることがあります。それは、「やらなければならないこと」をいかにして「やり続けられるようにする」かということです。

そのためには「楽しい」と思えなければならないのです。なぜかと言うと、脳は楽しいと思えることしか続けることができないからです。

その後、このかけ声を導入したことで、実際に練習で選手達の笑顔が多く見られるようになりました。

その結果、選手達の基礎力が向上したことは言うまでもありません。

やる気が起きないときは、まず言葉からポジティブに

このように、人間の脳は、言葉の影響を強く受けます。

目標を達成するために必要なこと、日々の仕事でやるべきことに対して、「面倒だ」「面白くない」と言葉に出してしまうと、ますます面倒で面白くないように感じてしまうのです。

その結果、身が入らず、成果が出ないということになってしまいます。

逆に、心の中では「面倒だ」「面白くない」と思っていても、まずは「やります！」「頑張ろう！」と言葉に出し、行動してみると、不思議なことにどんどん面白くなっていったりします。

やる気が起きないときは、まずは言葉を口に出すところからはじめるのも、一つの手なのです。

実際に、この言葉の力を借りることで、成績が社内ワースト三だった銀行の支店が、二年連続で表彰されるまでになったことがあります。

やったことは単純で、毎日行う朝礼で、肯定的なアウトプットを繰り返すだけ。これだけで、脳は「仕事＝楽しい」「目標＝達成」ということを覚え込んでいきます。

そうして、脳を肯定的な状態にできれば、「どうすればワクワクしながら仕事ができるか」「仕事を面白くできるのか」というアイデアも出やすくなります。

その結果、行員達の成績が驚くほど向上したのです。

ポイント

「いやだな」「面倒だな」と思って取り組むと、どんな練習も仕事も成果が上がりません。「よっしゃー！」と前向きなかけ声に変えることで、脳をポジティブな状態にもっていけるようサポートしましょう。

6
「明日からやります」ではなく「今日からやります」と言わせる
先延ばしする習慣を断ち切れば、大きな目標を達成できるようになる

「明日からやります」と無意識に先延ばしする選手

メンタル講習では、毎回の講習で学んだことと、具体的に実行することを決めて、みんなの前で発表してもらいます。

あるとき、ある選手がこんな発表をしました。

「今日は、××を学んだので、自分は○○を実行していきます」

「いつからやるの？」

「明日からやります！」

あまりに元気いっぱいに答えたので、ガクッときてしまいました。周りの選手達も笑っています。

「おいおい、それはないだろう。言い方が違うんじゃないか?」

再度宣言させようとすると、本人は「なにがおかしいんだ?　俺なんかおかしいこと言った?」といった表情でキョロキョロしています。

まぁ、和やかな雰囲気づくりには一役買ってくれたことにはなるけどね。

この選手のように「明日から」と行動を先延ばしをするということは、その行動を「難しいな」とか「面倒だな」と感じていることなんですね。

でも、本当は、そのようなことほどすぐに行動をはじめるべきなのです。そうでないと、明日になったらまた「明日からでもいいかな」と思ってしまい、どんどん先延ばしが起こりやすくなってしまいます。

そうやって先延ばしを繰り返しているうちに、難しいこと、面倒なことから逃げる習慣ができあがってしまうのです。これでは、成長することはできません。

「今日から、今から」で先延ばしをしない習慣を

そこで私は、その選手にこう問いかけました。

『明日からやろう』と行動を先延ばしする人と『今日から、今からやろう』とすぐに行動する人、どちらが目標を達成できると思う？」

「もちろん、今日からやろうとする人です」

そこで、気付いたようです。

「俺も、今日からやります！」

そう力強く宣言してくれました。

そして、その言葉通り、その次のメンタル講習のときに確認してみると、きちんと課題をこなしていたのです。

これで、面倒なことでも先延ばしにせず、すぐに行動をはじめる習慣が身についたのでしょう。この選手はぐんぐん成長して、大会でも大事な場面で登場する代打の切り札として活躍しました。

目標設定には「いつから」やるかを加えよう

会社でも、よく部下の目標設定をすることがあると思います。

その際、目標設定には「SMARTの法則」というのがあって、目標はこのSMARTの5つの要素に沿って考えていけば明確な目標設定ができると言われています。

- Specific（具体的な、特定された）：具体的にイメージできる
- Measurable（測定可能な）：達成度合を客観的に判断できる
- Achievable（達成可能な）：現実的に達成できる
- Related（関連性のある）：真の欲求や願望の実現につながる
- Time-bound（期限のある）：いつまでに達成するかが決まっている

私は、これにもう一つ、「いつから」やるかということを加えるべきだと思っています。

なぜなら、どんなに立派な目標を設定しても、実際に行動に移さないことには絵に描いた餅になってしまうからです。

とにかく、目標に向かうための第一歩を踏み出させることが重要なのです。

「明日から」なんて言っていたら、明日はまたなにがあるかわかりません。

人間は行動をはじめるときに一番エネルギーを必要としますから、すぐに行動をはじめる習慣を身につけるよう、サポートしてあげましょう。

ポイント

面倒なこと、困難なことにチャレンジしてこそ成長できますが、そうしたチャレンジは、つい先延ばししたくなるものです。今すぐ行動できるようサポートしてあげることで、成長を促しましょう。

7

「迷ってます」と相談してきた子には「成長できる方を選んでみろ」と言う

背中を押せば、あとは勝手に成長していく

レギュラー落ちしたキャプテンの迷い

夏の大会前の講習の際に、気になったことがありました。

キャプテンが、浮かない表情をしていたのです。

そこで、なにかあったのか尋ねてみると、次のような答えが返ってきました。

「監督から、『お前がレギュラーになって県大会で敗退するのと、控えに回って甲子園に行くのと、どっちがいい？』と伝えられました」

これはなかなかハードな選択を迫られたものです。

思い悩むのも、無理はありません。

ただ、そうは言っても大会直前の大切な時期に、チームを引っ張っていくべきキャプテン

に思い悩まれては困ります。キャプテンが迷えば、チーム全体も迷走して、力を発揮できなくなってしまいます。

きついようですが、キャプテンには早々に腹をくってもらわなければなりません。

どちらがより自分を成長させてくれるか？

そこで私は、キャプテンにこう問いかけました。

「ここでレギュラーにこだわるのと、控えに回るのと、どちらがより自分を成長させてくれると思う？」

キャプテンはしばらく考えていましたが、やがて口を開き、こう答えました。

「甲子園に行きたいですね……やっぱり、キャプテンとしては、チームを甲子園に連れていかないといけないと思います。そのためには、自分がレギュラー入りできなくても、控え選手としてチームをしっかりサポートします！」

そう答えた彼の表情には、以前の力強さが戻っていました。

どうやら、迷いは吹っ切れたようです。

果たして、その夏の大会では、チームは見事、甲子園への切符を手にしました。

しかも、控えに回ったキャプテンも、県大会決勝戦の九回裏には代打として出場し、気迫のヘッドスライディングを決めて奇跡的な逆転サヨナラ劇を呼び込んだのです。

「良かったな。おめでとう！」

試合後にキャプテンに声をかけると、彼はさらっと言ってのけました。

「最初から勝つイメージしかなかったです。試合前も全員でイメージトレーニングを行いました」

彼はレギュラーから外れても腐らず、立派にキャプテンとしての役割を果たし、チームをしっかりとまとめ上げたのです。

チャレンジすることが成長をもたらす

仕事や人生において選択肢があるとき、どっちの道を選べばいいのだろうかと迷うことはよくあります。

そんなとき、さまざまな判断基準があると思いますが、私がお勧めしたいのは「より成長

できる方を選ぶ」というものです。

私はコーチという仕事柄、高校野球の選手に限らず、企業の経営者や若手ビジネスマンからも「どちらの道を選ぶべきでしょうか」という相談を受けることがよくありますが、その際には必ず「どちらの道が、自分をより成長させてくれると思いますか？」と問いかけることにしています。

例えば、プロジェクトリーダーを打診されたけど転勤が伴うといった場合には「承諾するかしないか、どちらがより自分を成長させてくれると思う？」、子供が進学先に迷っているなら「どこの学校がもっとも自分を成長させてくれると思う？」といった具合です。

得てして、「より成長できる道」は「困難な道」「チャレンジングな道」ではあるのですが、そこでチャレンジするだけの価値は、必ずあります。

かの元メジャーリーガー松井秀喜さんも、「迷ったら困難な道を選ぶ」と言っています。

そして、その言葉通り、地元の公立校ではなく名門の星稜高校に進み、注目される読売ジャイアンツに入団し、その後海をわたってメジャーリーガーの道を歩みました。

その結果、ニューヨーク・ヤンキース時代にワールド・シリーズを制覇し、ＭＶＰに輝くわけです。

もちろん、それは松井選手の努力と才能の賜物ではあるのですが、もし彼が「迷ったら、楽な道を選ぶ」ことをしていたら、いくら才能があったとしても、このような高みには決して昇れなかったでしょう。

当然、チャレンジすることを選べば、結果が失敗に終わることもあるでしょうが、それでも経験という貴重な財産が手に入ります。

結果に関わらず、チャレンジすることに意味があるのです。

ポイント

どっちの道を選べばいいのか迷ったときは、より成長する方を選べば、たとえ結果が成功でも失敗でも得るものがあります。相談を受けたら、より成長する方を選ぶように、背中を押してあげましょう。

8

「時間がない」と言い訳する子には「どれだけの時間がいるんだ？」と聞く

物事にかかる時間を意識させれば、時間を有効に活用するようになる

「時間がない」と言い訳する選手達

「時間がなかったんです」

メンタル講習で決めた課題が実行できなかった場合の言い訳として、選手達が一番よく口にするセリフです。

確かに、選手達の生活を考えると、早朝の朝練からはじまり、学校の授業をこなして、夕方から練習に取り組み、練習が終わって自宅で夕食を摂るのは午後10時頃、というのが普通です。

そこから宿題等を行い、夜の練習課題に取り組み、就寝。

このような生活の中で「時間がない」と言ってしまうのもわかります。

しかし、本当に時間がないのでしょうか？

実際のところ、「時間がない」という選手は、本当は「気が乗らない」など別の理由でやろうとしていないだけ、というケースが意外と多いのです。

そのような場合、「時間がない」というのは単なる言い訳にすぎません。

ですから、それをそのまま聞き流していたら、その選手はいつまで経っても「時間がない」という言い訳で、課題から逃げることを繰り返してしまいます。

必要な時間を意識させれば、本当はやれることに気付く

そこで、私は「時間がなかったんです」という選手には、次のように聞いています。

「そうか、時間がなかったのか。ところで、君の課題は、どれだけの時間がいるんだ？」

すると、ある選手はしばらく考えたあとに、こう答えました。

「15分です」

それを聞いた他の選手達の笑い声が上がります。

当然でしょう。いくら忙しいとはいっても、たった一五分の時間が取れないはずがありま

せん！

「15分か、そうか。今自分で話してみてどうだ？」

「15分なら、なんとか取れそうですね」

本人も思わず笑いながら答えました。

やっぱり、この選手は、そもそも課題をやろうとしていなかったわけです。

だから、私が問いかけるまで、課題にどれだけの時間がいるのか考えもしませんでした。

もし、最初から課題にかかる時間がせいぜい一五分だとわかっていたら、「それくらいならやってしまおう」と考えたはずです。

少なくとも、「時間がなかったんです」という言い訳は使わなかったでしょう。

実際、次のメンタル講習のときにこの選手に確認したら、今度はきちんと課題をこなしていました。

時間を制した人が人生を制す

唯一世界中の人に平等に与えられているのが時間です。一日二四時間という時間だけは、

すべての人に平等に与えられています。

そして、その時間には限りがあるのです。無限にあるわけではありません。

高校野球で言うなら、たった三年間しかないわけです。

ですから、私は選手達に常々言っています。

「もし、君達が本気で『甲子園で勝ちたい』『全国制覇したい』と望んでいるのなら、そのための時間を惜しむな。時間は自分でつくるものだ」

プロ野球の選手は、草野球をやっている人よりも圧倒的に多くの時間を野球のトレーニングに割いてきたのです。

もちろん才能に恵まれている人もいますが、それでも時間をかけて何度も繰り返してきた努力なくしては、その才能を見出すことも開花させることもできなかったはずです。

元メジャーリーガーの松井秀喜さんにお父さんが贈った「努力できることが、才能である」という言葉。努力とは、それだけ時間を使うということです。

野球に限らず、これは真実ではないでしょうか？

実現したいことに対して、どれだけの時間を使うかで結果が決まるのです。

「時間がない」と言い訳をして何もしなければ、何も得られません。なににどのくらいの時間がかかるか把握し、細切れ時間を有効に使って努力した人だけが、夢を叶えられるのです。

ポイント

「時間がないんです」と言い訳する子は、本当はやろうとしていないだけ、ということも。「どれだけの時間がいるんだ？」と聞いて、実はやる時間があることに気付かせてあげましょう。

いまどきの子の
やる気に
火をつける
メンタル
トレーニング

第5章

ピンチに弱い子のメンタルを強くする8つの言い方

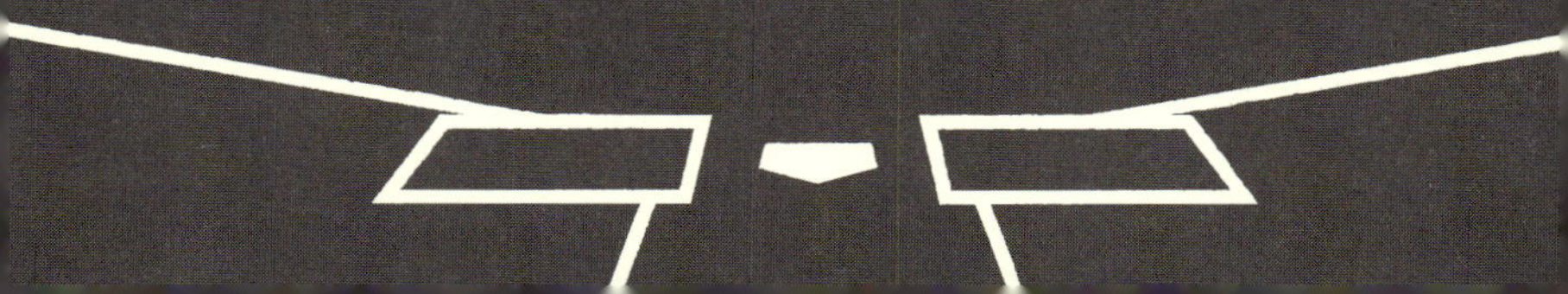

1

「落ち着け」と声をかけるのではなく「息を吐いてみろ！」と言う

息を吐くだけで、自律神経はコントロールできる

緊張してミスを多発してしまう選手

練習試合をこなしていき、春の大会前になったときに、監督に「メンタル面が気になる選手は？」と聞いてみました。

すると、真っ先に三年生のある主力選手の名前が挙がりました。

この選手はチームのキーマンなのですが、練習試合でも緊張して上がってしまい、ミスをすることが多いと言うのです。

「いつも、『落ち着いていけ』『リラックスしろ』と言ってはいるんですが……」

監督は、打つ手なしといった表情です。

しかし、これは当たり前と言うか、「落ち着いていけ」と言われて落ち着けるなら、誰も苦

労しないでしょう。

むしろ、「落ち着かなければ」とプレッシャーがかかって、余計に緊張状態が強くなるのがオチだと思います。

「わかりました。それでは、なんとかしましょう」

私はそう監督に伝えると、後日、その選手に特別レッスンを行うことにしました。

腹式呼吸で息を吐くだけでリラックスできる

特別レッスンと言っても、大したことではありません。

「緊張したら、息を吐きなさい」

たったこれだけのことです。

もちろん、ちょっとしたコツはあって、息を吐くときには腹式呼吸をしてもらいます。つまり、お腹を引っ込めながら息を吐いていくわけです。

さらに、息を吐くときに〝細く長く〟吐くこともポイントになります。これは、ストローを咥えて息を吐くイメージで行うといいでしょう。

できれば、これを三回くらい繰り返すといいですね。

選手には、この息の吐き方をきちんとマスターできるように、何回か練習してもらいました。

そして感想を聞くと、「確かに、リラックスできた気がします」との返事。心なしか、ほっと安心した表情をしています。

これで大丈夫でしょう。

その後、この選手は春の大会で大活躍してレギュラーの座を確実にして、夏の大会でも素晴らしい活躍を見せてくれました。

「緊張したときにリラックスする方法を知っている」ということが安心感と自信につながったのか、そもそも緊張すること自体が少なくなったそうです。

呼吸と自律神経には密接な関係がある

ちなみに、なぜ息を吐くだけでリラックスできるかと言うと、それは人間の呼吸と自律神経に密接な関係があるからです。

人間は、息を吸うと、自律神経のうちの交感神経が活性化する性質があります。この交感神経が活性化すると、緊張が高まってしまいます。

一方、息を吐いた場合は、自律神経のうちの副交感神経が活性化されます。この副交感神経が活性化すると、リラックスできます。

したがって、緊張が高まった場合は、息を吐くことで副交感神経を優位にするようにすればいいわけです。

当然、これは誰にでも有効なテクニックです。

大事な商談やプレゼンなど、失敗できないという状況になると、緊張して上がってミスをしてしまう。そんな部下がいたら、本番前に、腹式呼吸で息を吐かせてみましょう。

そして、息を吐き終えたあとに「おっ、いい表情になったな。今回は行けるぞ！」と励ましの言葉を入れれば、「パチッ」と部下のやる気スイッチが入るはずです。

ポイント

緊張しているときに「落ち着いていけ」と言われても、落ち着けるどころか、余計に緊張してしまうのが普通です。息を吐くと副交感神経が活性化されリラックスできる、という人間の性質をうまく利用しましょう。

2
「力むな！」ではなく「力を入れてみろ」と言う
いったん力を入れてから力を抜けば、力みがほぐれる

肩に力が入りすぎて、当たり損ねの凡打を繰り返してしまう選手達

大会など試合のバッターボックスで、端から見ても明らかに力が入りすぎて、体中が固くなっている選手を見かけることがよくあります。

そんなときは、ベンチから「力むな！」という声が飛んできます。

しかし、いくら「力むな！」と言われても、なかなか身体は言うことを聞いてくれません。「力を抜きゃなきゃ」と思えば思うほど、逆に力んでしまうことになります。

その結果、当たり損ねの凡打を繰り返してしまうのです。

試合後のミーティングの際に、選手に話をする機会がありましたので、この件について話をしました。

「緊張して肩などに力が入っているときに、『力を抜け！』と言われて力が抜ける人はいる？」

そう言って手を挙げさせましたが、誰も手を挙げません。

「じゃあ、そんなときはどうする？」と聞くと、「肩を上下に動かしたり、首を回したりします」という答え。

「それで力みが取れたという人は？」と聞くと、また誰も手を挙げませんでした。

いったんわざと力を入れると、簡単に力が抜ける

「よし、ではそんなときに力を抜く方法を教えるね」

私は近くの選手を呼んで「よし、力を入れてみろ」と肩に力を入れさせました。

そして、次に一気に力を抜かせます。

「どうだ？　肩の感じは？」

「スッキリして余計な力が抜けました」

「そう。力を抜きたかったら、まず力を入れてみる。そうして一気に力を抜くことで楽にな

るぞ」

実は、私達は、緊張などで無意識に入った力は抜くことが難しいのですが、自分で意識して入れた力であれば、自分で簡単に抜くことができるのです。

この性質を利用して、まずいったん力を入れてから力を抜くと、一緒に無意識に入った力も抜くことができるのです。

この方法を「筋弛緩法（きんしかんほう）」と呼びます。

筋弛緩法を使えばどんな力も抜ける

この筋弛緩法は、肩の力に限らず、他の力を抜くことにも使えます。

例えば、手の力を抜くなら、いったん拳を強く握りこんでから、力を緩めて手を開いていけばＯＫです。

全身に力が入ってしまっているなら、手を上に上げて、背伸びをした状態から一気に脱力するというやり方も効果があります。

また、目の疲れが溜まっていると、目に妙な力が入ってしまうことがありますが、そうした場合はまず目をギュッと閉じてから、一気に目の力を抜きます。すると、目の周りの筋肉がほぐれ、目に本来の輝きが戻ります。

部下がプレゼンや商談の際に、力が入りすぎて身体が硬直してしまっているときなど、この筋弛緩法を使って、余計な力を抜いてあげましょう。

身体が硬直していると、頭も硬直して、本番で能力を発揮することは難しいですからね。

ポイント

緊張などで余計な力が入りすぎると、本来の能力が発揮できません。そんなとき、「力むな！」と言われても、かえって力んでしまいますが、いったんわざと力を入れてから、一気に力を抜くと、余計な力が簡単に抜けます。

3 「これ以上は無理かも」ではなく「かかってこんかい！」と言わせる

言葉を変えれば身体も変わる

やる気の出ない言葉を連発する選手

北陸にある高校の野球部では、冬季間はグランドでの練習ができないため、屋内で練習を行います。

ただ、屋内での練習となると、ボールを使ってできる練習には限りがあるため、トレーニングなどの身体的な向上を図るメニューが中心になってしまいます。

その中でも特に選手達が嫌がるのが、限界まで身体を動かすようなトレーニングです。例えば、腕立て伏せや腹筋、最近では体幹を鍛えるといったメニューも行います。どれも地味できついですが、大切なトレーニングです。

ここでメンタルコーチとして私が注意しているのが、「選手達がトレーニングをしながらどんな言葉を口にしているか」ということです。

「きつい！」

「これ以上は無理かも！」

そんなやる気の出ない言葉を連発している選手がいたので、近づいて話しかけました。

「どうした？　ネガティブな言葉ばかり連発して。今どんな気分だ？」

「めっちゃ最悪です。やる気ゼロです」

「だろうね。だって口にしている言葉が悪いからね」

人間の身体は、発した言葉の影響を受けます。

これは、「言葉」を司る左脳を含む大脳新皮質から、「感情」を司る大脳辺縁系の扁桃核に情報が伝達されるためです。そして、脳幹から、その感情に合わせたホルモンが分泌されるため、身体に影響が出るのです。

ですから、やる気の出ない言葉を連発していると、力が出ないばかりか、せっかくのトレーニングも効果が半減してしまいます。

元気の出る言葉を口にするだけで身体が目覚める

このような場合は、脳の機能を逆に利用して、言葉によって身体の調子を上げるようにします。

「元気が出る言葉はなにかないか？」

私がそう問いかけると、その選手は「俺はまだいける！」「俺は強い！」「よっしゃー！」「おりゃ〜！」「かかってこんかい！」など、いくつかの言葉を挙げてくれました。

「いっぱいあるじゃないか。今言った中でどれが一番いい？」

「『かかってこんかい！』です」

「よし、これからやる気が下がったら『かかってこんかい！』でいこう」

その後、この選手はノックを受けるときも監督に「かかってこい！」と言いながら受けていました。

その成果が出たのでしょう。

シーズンに入ると、その選手はレギュラーに定着して活躍しました。

「声出し」はビジネスにも役立つ

このような「声出し」は、スポーツの世界ではよく目にしますが、もちろん、ビジネスの世界でも役に立ちます。

必ずしも大きな声でなくても構いませんので、元気が出る、気合いが入るような言葉を発すると、それだけで身体がやる気モードに切り替わるのです。

例えば、会議やミーティングの前に、ファシリテーターや上司の立場の人が「これから会議をはじめます。よろしくお願いします！」と言って、全員で「よろしくお願いします！」と大きな声で言う。

そうすると、脳の回転も良くなって、アイデアなども出やすくなるでしょう。

部下のやる気がなかなか上がらなくて困っている方は、ぜひ試してみてください。意外な効果に驚くはずです。

ポイント

やる気の出ない言葉を口にしていると、それが身体に作用して、本当に力が入らなくなってしまいます。そんなときは、必ずしも大きな声でなくてもいいので、元気が出る言葉を言わせて、身体をやる気モードにしてあげましょう。

4

「気合いを入れろ！」ではなく「笑顔でいこう！」と言う

笑顔をつくるだけで気持ちが前向きになる

ピンチのときに前向きな気持ちを保つのは難しい

選手にとって一番大切なのが、ピンチのときにも前向きな気持ちを保つことです。言葉で言うのは簡単ですが、これがなかなか難しい。

例えば、相手チームに大きく点差を付けられてしまった状況を考えてみてください。こんなとき、理想を言えば、最後まで逆転勝利を目指して戦い続けるべきだということはおわかりでしょう。

しかし、実際にそれをできる選手は、そうはいません。

たいていの選手は、どこかで「もう負けだ」と諦めて、プレーが投げやりになってしまいます。

点差が小さいうちは「ここから、ここから!」「まだいける!」などと元気に声出しをしていた選手でも、点差が開くにつれてだんだん無口になり、無表情になっていってしまいます。口では「最後まで頑張ろう」などと言っている選手ですら、心の中では自分達が勝利するイメージを描けなくなってしまいます。

こうなると、監督が「もっと気合いを入れろ!」と必死に叫んだとしても、その言葉は上滑りするだけで、選手達の心には届きません。

笑顔が呼び込んだ奇跡の大逆転サヨナラ劇

ところが、そのような「勝ちを諦めても仕方ない」と誰もが思うような状況でも、決して諦めず、見事に逆転勝利を収めたチームがあります。

二〇一四年夏の、石川県大会決勝戦。

私がメンタルコーチを務めるチームは、八回を終えて〇対八で負けていました。

攻撃のチャンスはあと一回を残すのみ。

応援席で見守る私を含め、その場にいる誰もが、勝利を諦めていたと思います。

しかし、監督と選手達だけは違っていました。

監督の「笑顔でいこう!」というかけ声に、選手達は満面の笑顔で「はい!」と答えます。

そして、九回裏になんと打者一三人の猛攻で一挙九点をもぎ取り、前代未聞の大逆転サヨナラ勝ちを決めたのです。

なぜ彼らは、このような絶望的な状況下で最後まで諦めずに戦えたのでしょうか?

その秘密は、監督の「笑顔でいこう!」というかけ声にあります。

実は、人間には、表情や動作が身体に影響を及ぼすという性質があります。つまり、表情や動作によって、身体の調子を整えることができるということです。

特に、笑顔は強力です。

笑顔をつくると、脳が「この状況は楽しいんだ」と勘違いして、脳幹からドーパミンが分泌され、能力を発揮しやすくなります。

この笑顔の力で、監督と選手達は、逆境の中でも最後まで諦めることなく、全力を尽くすことができたのです。

まずは自分から笑顔を心がけよう

ビジネスの現場でも、逆境の中で、部下の誰もがやる気をなくしてしまっている、というような状況があるかと思います。

そんなときは、まず上司であるあなたから笑顔を心がけてみましょう。

そうすれば、つられて部下も笑顔をつくりやすくなります。

そうやってとりあえず笑顔だけでもつくってみると、それだけで少しみんなにやる気が戻ってくるはずです。

あるいは、以下の動作をしてみるのも、同じような効果がありますので、試してみると良いでしょう。

- **胸を張る**
- **目線を上に向ける**
- **声に力を込める**
- **動作や喋るスピードを早くする**

表情や動作が身体に及ぼす影響は、意外なほど大きなものです。その力を利用しない手はないでしょう。

ポイント

人間は、笑顔をつくるだけで気持ちが前向きになるようにできています。逆境の中でみんなのやる気がなくなってきたら、まずは自分から笑顔を心がけ、みんなが前向きな気持ちを取り戻せるようにサポートしましょう。

5

「ゲン担ぎをしています」と言う子には「ルーティーンを決めよう」と言う

ルーティーンで心を整えれば結果が出やすくなる

ゲン担ぎに頼って調子を崩す選手達

メンタル講習の際に「何らかのゲン担ぎをしている人は？」と聞いてみたことがあります。するとと、ほとんどの選手が手を挙げました。やっぱりなにかにすがりたいという気持ちがあるんですね。

なんと、監督までもしっかり手を挙げていました。

具体的にどんなゲン担ぎをしているのかを聞いたら、例えば次のようなものが挙がりました。

・試合当日は五時に起きる。
・バッターボックスに右足から入る。
・ベンチ前で素振りを10回する。

ちなみに監督は「前日にとんかつを食べる」ということでした。ベタですね（笑）。

このようなゲン担ぎで運が良くなるのかどうかは疑問ですが、不安なときや緊張しているときに気持ちを落ち着かせる効果がありますから、必ずしもメリットがないとは言い切れません。

ただ、ゲン担ぎにはデメリットもあります。

まず、いつもゲンを担いでいる人が、ゲンを担ぎ忘れてしまうと、かえって動揺してしまいます。これは、例えば「試合当日は五時に起きる」というゲン担ぎをしている人が五時に起きられなくて、そのことが気になって「今日は縁起が悪い」とかえって調子を崩してしまう、というような場合ですね。

また、「ゲンを担がなければ」と気にしすぎてしまうと、かえってそれがストレスになります。これは、例えば「バッターボックスに右足から入らなければ」と意識しすぎてしまうようなケースですね。

いずれにしても、心を安定させるはずのゲン担ぎがかえって心を乱す原因にもなってしまうわけです。これでは、意味がないでしょう。

ゲン担ぎよりルーティーンが心の状態を安定させる

そこで私は、選手達にはゲン担ぎの代わりにルーティーンを取り入れるように指導しています。

大リーガーのイチロー選手が、バッターボックスでバットを立てて大きく回すポーズは有名ですね。このイチロー選手のバッターボックスでの一連の動作のように、「なにかをやる前に毎回決まって行う動作」のことを、ルーティーンと言います。

ゲン担ぎとルーティーンは、いっけん同じことのように思えるかもしれませんが、本質的にはまったく違うものです。

ちょっと難しいかなと思いましたが、「なにが違うんだろう?」と選手達に問いかけてみました。

すると、一人の選手が答えてくれました。

「ルーティーンは、その動作をすることで集中できるのだと思います」

「なるほど。じゃあゲン担ぎは？」

「不安を抑えると言うか……やらないと不安になる、という感じです」

なかなか鋭い意見です。

「じゃあ、やると集中できるルーティーンと、やらないと不安になるゲン担ぎ、どちらをやる？」と聞くと、「ルーティーンをやります」という答え。

そこで、チーム全員で行うルーティーン、そして自分で行うルーティーンを決めてもらいました。

例えば、落ち着くためのルーティーンのつくり方は、以下の通りです。

①落ち着くためのポーズをつくる（「胸に手を当てる」など）
②ゆっくり腹式呼吸を行いながらポーズを取る

③軽く気合いを入れる言葉（「よし」など）を言ったり、動作（「拳を握る」など）を行う

ただし、これは一例ですので、自分でアレンジしてみてください。

その後、このチームではピンチのときにはこのときに決めたルーティーンを行うことで、何度もピンチをしのいでいます。

毎朝の朝礼にルーティーンを取り入れてみる

会社の中にも、ゲン担ぎをする人は多いと思います。

それを全面的に否定はしませんが、どうせやるなら、やはりルーティーンの方を私はお勧めします。

ビジネスの現場でも、ルーティーンは効果を発揮します。

例えば、「今日も頑張っていきましょう」とリーダーが言ったら、みんなで「頑張っていきましょう」と言ってメンバー全員で笑顔で手を叩くといった感じです。

実際に、毎朝の朝礼でそのようなルーティーンを行って集中力を上げた結果、全国の店舗

成績が下位だった店舗が表彰される店舗に生まれ変わったということがありました。

朝は、「これから仕事だ」という気持ちに切り替える大切な時間です。だから朝礼でルーティーンを行い、仕事モードにスイッチを入れるわけです。

あなたの会社でも、ぜひ取り入れてみてはいかがでしょうか？

ポイント

やらないと不安になるゲン担ぎよりも、やると集中できるルーティーンの方が、結果に結びつきやすいものです。朝礼などにルーティーンを取り入れて、部下の集中力をアップさせましょう。

6 「集中しろ」ではなく「一点を見ろ」と言う

一点を見つめることで集中状態をつくることができる

ボールの縫い目を見ることで集中できる

チームの大黒柱であるエースが試合で大崩れしてしまい、大量点を与えてしまったことがあります。

「今日の試合はなにがあったんだ?」

試合後、そう聞いた私に、エースは落胆した表情で話してくれました。

「審判になかなかストライクを取ってもらえなくて、イライラして集中できなくなってしまいました」

「集中できないと、いい結果は出ないよな」

「はい。監督からも『集中しろ!』と言われたんですが……」

「それで集中できた?」

「いえ、逆に焦ってしまいました」

無理もありません。

単に「集中しよう」と思っただけで集中できるのならば、そもそも「集中できなくなってしまう」という状態にはならないはずです。

それなのに集中できなくなってしまっているのですから、そんな選手に「集中しろ」と言っても、焦らせるのがオチというものです。

なにか一点を見つめることで集中状態をつくれる

では、そんなときに再び集中力を取り戻すには、どうしたらいいのでしょうか?

実は、集中するときには、とても大事なことがあります。

それは「視点を定める」ということです。

人間の脳には、「視点が定まらないと集中できなくなる」という特徴があります。特に、緊張している状態や、想定外のことが起きて気が動転しているようなときは、自然と視点が泳

いでしまうため、まったく集中できない状態に陥ってしまうのです。

そして、その逆に、脳は視点が一点に定められると自然と集中してしまいます。この脳の特徴を活かして、集中状態をつくっていくのです。

私はエースに問いかけました。

「なにか一点に集中するとしたらなにがいい？」

「ボールですかね。ボールの縫い目を見ます」

「よし、それでいこう！」

その後の試合では、試合がはじまるときや、ピンチになったときに、そのエースはグローブの中のボールの縫い目をじっと見るようにしたそうです。

その結果、集中力を保ち続けて、幾多のピンチを切り抜けていきました。

「集中タイム」で集中する時間をつくる

会社でも、「さぁ、仕事を終わらせるぞ！」「締め切りまでにやるぞ！」「企画を考えるぞ！」といった場面では、集中力が問われますね。

そのような場合は、一点を見つめさせることで集中状態をつくることができます。

ただ、仕事の中で毎度一点に集中させるというのも現実的ではないと感じる方もいるかもしれません。

そこで、お勧めしたいのは〝集中タイム〟をつくることです。

これは、一日の就業時間内で集中する時間帯を決めるというものです。集中しやすい時間帯としては、一〇時頃から一四時頃まででしょうか。

この中の二時間を集中タイムとして、この時間帯は会議やミーティングなども行わず、外部の取り次ぎもしない時間とします。

このように会社の仕組みとして集中する時間を決めることで、その間は集中して仕事に取り組めるようになります。

また、会議やミーティングなどで、みんなの集中力が切れて、下を向いたり上を向いたりしてあちこちに視点が動いているようなときに、「はい、こっち向いて」と言って自分に視点を向けさせるという方法もあります。

集中力があるかないかで、仕事のパフォーマンスは大きく変わってきます。ぜひ、集中力を上手にコントロールできるようになりましょう。

ポイント

集中力が途切れたときに「集中しろ」と言われても、焦ってしまうだけです。「視点を一点に定めると、自然と集中する」という脳の仕組みを利用して、集中しなければいけないときに集中状態をつくれるようにしましょう。

7

「順調です」ではなく「まだまだこれからだ！」と言わせる

油断を防ぐかけ声がピンチを遠ざける

ピンチは「順調なとき」にこそやってくる

講習の中で、「経験上、ピンチを招くおそれがあるのは、どんな状況のときかな？」と選手達に聞いたことがあります。

すると、選手達からは、以下のような答えが挙がりました。

「大量リードしているとき」

「作戦がうまくハマっているとき」

「乗っているとき」

その通り。

ピンチというのは、そのような「順調なとき」にこそやってきます。

もっと言うと、順調にことが運んでいるために、気が緩んで油断が生じ、集中力が切れてしまう……という状態が、ミスやピンチを招くのです。

「好事魔多し」と言う言葉がありますが、スポーツの世界では、そのようなことがさまざまな場面でよく起こります。

例えば、序盤で大量得点を入れたチームが、その大量得点故に油断が生じて、後半で逆転されてしまうというケースはよく見かけるのではないでしょうか。

「まだまだこれからだ！」のかけ声が着実な試合運びにつながった

そこで私は、選手達に提案しました。

「じゃあ、順調なときにはどのような言葉があれば、油断せずに、ピンチを招かずに済むと思う？　かけ声を決めておこう」

すると、選手達は、次のような言葉を挙げてくれました。

「まだまだこれからだ！」

「次だぞ！」

「こっからだ！」

そして実際に、夏の県大会では、このかけ声がフルに活かされました。

例えば大量リードしている状況でも、「まだまだこれからだ！」という言葉で選手同士、気を引き締めあったのです。

その結果、常に危なげない試合運びができ、トーナメントをしっかりと着実に勝ち上がっていけました。

ビジネスの世界でも、転ばぬ先の杖が大事

ビジネスの世界でも、順調なときほど気の緩みからミスや失敗を招いて、チャンスが一転してピンチになってしまう、ということはよくあります。

ですから、部下が「また商談がうまくいきました。これで今月はもう売上達成間違いなしです」などと報告があったら「良かったたな。順調にいっているね」といったん受け止めた上で、「まだまだこれからだぞ！」と頭を冷やすような言葉を使って、気の緩みを抑えてあげましょう。

同様に、作業がスムーズに進んで「この調子なら納期までに十分間に合いますよ」という報告があったら「そうか、それは良かった」といったん受け止めた上で、「ここをしっかりな」と言ってアドバイスしてあげてください。

売上が順調に推移しているときにこそ、新商品や新サービス、新規顧客の開拓など、次のことを考えていく。

製造ラインが順調に流れているときにこそ、５Ｓ（整理・整頓・清掃・清潔・躾）の徹底を図る。

そういった「転ばぬ先の杖」をきちんと用意しておくことが重要なのです。

ポイント

順調にことが運んでいるときにこそ、気が緩み、ミスや失敗を引き起こしやすくなるものです。「まだまだこれからだ！」と注意を喚起する言葉を使って、最後まで油断しないようサポートしてあげましょう。

8

「反省しろ」ではなく「気持ちを切り替えろ」と言う

気持ちを切り替えることが、次の結果につながる

試合の結果を引きずりがちな選手達

高校野球の大会はトーナメント方式です。

つまり、負けたらそこで終わりですが、試合に勝ったら、すぐに次の試合の準備に入らなければいけません。

そこで大切になってくるのが「試合後にどんなミーティングを行うか」ということです。

通常、試合が終わったあとにはミーティングを行いますが、その内容次第では、かえって次の試合に悪影響を及ぼすこともあります。

よくありがちなのが、〝反省重視〟のミーティング。

もちろん、試合中に良くないプレーがあれば、それを改善するために話し合うのは大切で

す。

しかし、実際には改善点を話し合うというより、「なんであんなプレーをしたんだ」「なにが悪かったのかよく考えろ」と試合中の失敗を責めるだけになりがちなのです。

そうなると、失敗した選手としては、ただでさえ失敗して落ち込んでいるところに、さらに周りから失敗を責められて、どんどん自信をなくしてしまいます。

その結果、思考がどんどんネガティブになって、「次もうまくいかないかも」と不安になったり「次こそ結果を出さなければ」とプレッシャーに押しつぶされてしまうことも珍しくありません。

これでは、「失敗を次に活かすためのミーティング」どころか「失敗を次の試合に引きずるためのミーティング」になってしまいます。

すぐに次の試合の準備に入らなければならないトーナメント中には、このようなミーティングは絶対に避けなければならないでしょう。

では、逆に「今日の試合で良かったところ」について話し合うミーティングというのはどうでしょうか？

ファインプレーについて話し合い、モチベーションを高めて、次の試合につなげていくというのも、大切なことでしょう。

ただし、これも実際には、単にお互いをほめあうだけのミーティングになりがちです。

そうなると、確たる理由もないまま次もなんとなくいけそうな気分になって、気の緩みが生まれてしまいます。

その結果、次の試合では思わぬ惨敗、ということにもなりかねません。

必要なのは、気持ちを切り替えるためのミーティング

つまり、良かったことも悪かったことも、次の試合まで引きずってしまってはいけないわけです。

大切なのは、次の試合をベストな状態で迎えること。

そのためには、終わった試合のことをいつまでも考えないように、気持ちを切り替えるためのミーティングにする必要があります。

具体的には、私が指導しているチームでは、試合後のミーティングは次の順番で行ってい

ます。

①まず、「今日の試合で良かったところ」について話し合う。
②次に「今日の試合で改善すべきところ」について話し合う。
③最後に「次の試合への決意」を述べさせる。

この際に、試合で調子が悪かった選手に対しては、「良かったこと」を重点的に引き出してあげることで、ネガティブな感情を切り替えさせます。その上で改善点を考えさせ、次への決意を引き出していきます。

逆に、調子が良かった選手に対しては、良かった点はさらっと確認するにとどめます。その代わり、気の緩みが生まれないように、改善点はしっかりと引き出していき、次への決意につなげます。

いずれにしても、試合のあとに気持ちが落ち込んだり浮ついたりしすぎないように気を付けながら、次の試合に意識を向けるように導いていくことがポイントです。

このように、一試合毎にしっかり感情を切り替えるミーティングを行うことで、このチームは見事優勝を果たしました。

ビジネスマンも切り替えが大事

ビジネスマンにとっても、「終わったことをいつまでも気にしないで、気持ちを切り替える」というのは大切なことですよね。

例えば、商談や営業活動は一つの案件が終わっても、またすぐ次の案件へと向かわなければなりません。

ですから、前の商談の結果が悪かったからと言って、いつまでも落ち込んでいるわけには行かないはずですよね。

もちろん、前の商談の結果が良かったからと言って、いつまでも浮かれているわけにも行かないはずです。

そこで、もしあなたの部下がそのような状態になってしまっているときは、振り返りのミーティングを行って、気持ちを切り替えさせてあげましょう。

このとき、前述のように、失敗して落ち込んでいる部下には良かった点を重点的にフィードバックし、成功して浮かれている部下には改善点を重点的にフィードバックするようにしてください。

なお、こうした振り返りは、なるべく早く気持ちを切り替えてもらうためにも、できれば前の商談の結果が出たその日のうちに行うのがいいでしょう。

ポイント

良い結果にしろ、悪い結果にしろ、結果が出たことをいつまでも引きずっていると、次の勝負に差し障りがあります。なるべく早めに振り返りミーティングを行うことで、気持ちを次の勝負へと切り替えるよう、サポートしてあげましょう。

いまどきの子の
やる気に
火をつける
メンタル
トレーニング

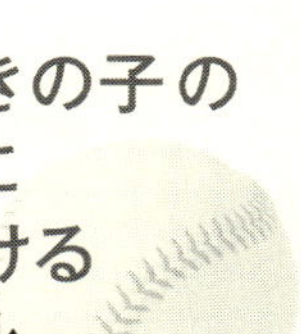

謝辞

星稜高校野球部を始めとした各高校の運動部の皆様には、貴重な体験をさせていただいたことに大変感謝しております。指導者や保護者の皆様のご理解とご協力、そして選手たちが素直にメンタルトレーニングを実践してくれたおかげで、成果をあげることができました。本当にありがとうございました。

そして、仕事中心の日々を送る私を支え続けてくれた家族には感謝しかありません。本当にありがとう。

■著者紹介
飯山晄朗（いいやま・じろう）　メールアドレス：office@coach1.jp
◎メンタルコーチ・経営コンサルタント。
◎富山県高岡市出身。石川県金沢市にオフィスを構え全国で活動している。中小企業診断士。銀座コーチングスクール認定プロフェッショナルコーチ。JADA（日本能力開発分析）協会認定SBT1級コーチ。週末起業フォーラム認定シニアコンサルタント。金沢大学非常勤講師。
◎商工団体の経営指導員としての11年間で、中小企業の経営、財務、労務相談を5,000件以上こなす。独立後は中小企業の人財教育に携わり、3つのコーチングスクールの運営、高校野球部を始めとする運動部のメンタルコーチも務める。さとり世代の指導には定評がある。
◎名門私立高校野球部を半年で復活させ6年振りの甲子園へ。昨年夏の石川県大会決勝で球史に残る大逆転劇で2年連続の甲子園へ導く。また、あきらめに支配されていた県立高校野球部を26年振りの優勝へ、県立高校水球部を20年振りの全国表彰台に導く。
◎ブログ「ガッツログ」、メルマガ「夢☆目標を実現させる脳力思考」を毎日配信中。

いまどきの子《こ》のやる気《き》に火《ひ》をつける
メンタルトレーニング

発行日　2015年 6月 3日　第1版第1刷
　　　　2015年10月20日　第1版第6刷

著　者　飯山《いいやま》　晄朗《じろう》

発行者　斉藤　和邦
発行所　株式会社　秀和システム
〒104-0045
東京都中央区築地2丁目1−17　陽光築地ビル4階
Tel 03-6264-3105（販売）Fax 03-6264-3094
印刷所　日経印刷株式会社　Printed in Japan

ISBN978-4-7980-4300-5 C0034

はじめに

この本を手に取った方の多くが「ホシガラス山岳会ってなに?」と思っていることでしょう。私たちはキャンプや登山を通じて知り合った仲間で、写真家、スタイリスト、料理家、編集者、デザイナー、木工作家、ヘアメイクアーティスト。職業は違いますが、「本を作る」という共通の仕事が縁で、一緒に出かけるようになりました。

「ホシガラス」とは山によくいる鳥の名です。街にいるカラスよりずっと小柄で、黒い体に白い水玉模様があるおしゃれさん。でもときどき、ギエーッと、かわいらしくない声で鳴くんです。その天の邪鬼な感じとユーモラスさが好きで、名をいただきました。

この本は、私たちが長年自然のなかで遊んできて、これはもう手放せないと思った道具を紹介したものです。もちろん、万人にとって便利だとは限りません。ただどの道具も、それぞれが経験と向き合い、試行錯誤して選びとったものです。「一生ものの道具」と出合うとはどういうことか。それにいきつくまでの物語を知り、みなさんの道具選びに少しでも役立てていただけたら、幸いです。

会員紹介

しっかり者のスタイリスト

［ 金子夏子 ］

多くの女性ファッション誌でスタイリングを担当。どんなに忙しくとも、山に行くと決めたら、行く。何がなんでも、行く。山への情熱は、人一倍。下山後の〝温泉番長〟でもある。

段取り上手な編集者

［ 小林百合子 ］

山や自然（たまにお酒）にまつわる雑誌や書籍を手がける。仕事柄か雑用処理能力が高く、定期山行では常に鉄道、宿、温泉の段取り係。著書に『山と山小屋』（平凡社）がある。

いつも気が利くヘアメイク

［ 小池瑠美子 ］

著名人のヘア&メイクを担当するいわゆる「メイクさん」。細かいところに気がついて、いつもあれこれと世話を焼いてくれる（職業病かな）。何でも持っている山のドラえもんみたいな存在。

仕切り担当のデザイナー

［ 森美穂子 ］

デザインと機能性を両立させたアウトドアブランド and wander を立ち上げ、業界を驚かせた気鋭のデザイナー。ふんわりした外見だけど、合理主義。さっと隊をまとめる仕切り上手。

noyama

いつも頼れる木工作家

［ しみずまゆこ ］

Chip the Paint の名で活動する木工作家。誰より先に焚き火用の薪を拾い、黙々と後片付けをこなす。気づけばみんなが頼り切ってしまう、ザ・姉御（でも怒ると少々こわい）。

ムードメーカーの編集者

［ 髙橋 紡 ］

出版ユニットである noyama をまとめる編集者。小林とは一緒に山雑誌を作る戦友でもある。マイペースすぎて叱られることもあるけれど、常に明るく、隊の盛り上げ役。

これぞ部長！ 貫禄の写真家

［ 野川かさね ］

山写真界に「かさね風」という新スタンダードを生み出した、戦う写真家。山に対する揺るがぬ信念を買われて、部長に就任した。著書に『山と写真』（実業之日本社）。作品集も多数。

行動する料理家

［ 山戸ユカ ］

八ヶ岳南麓で、夫とともに食堂 DILL eat, life. を営む。ジョン・ミューア・トレイル（340㎞）を踏破した健脚の持ち主。著書に『1バーナークッキング』（大泉書店）など多数。

目次

TREKKING

MOUNTAINEERING

EVERYDAY USE

本書に掲載している価格はすべて消費税抜きの本体価格です。価格は2014年12月現在のものであり、本書発行後、価格に変更が生じる場合があります。また掲載商品はあくまでも所有者の私物であり、現行商品とはデザインや形態が異なる場合がありますことをご了承ください。

CAMPING

noyamaの一生もの

それぞれの道具を持ち寄って、キャンプをする。調理道具など料理関係は山戸さん、イスやテーブル、木箱など家具に近いものはしみずさん、野川さんと私は食器関係というふうに。いうなれば、みんなの道具が集まってはじめて、noyamaのキャンプが成立するのだ。

もの選びの趣味・志向はみんな少しずつ違うが、不思議と同じものを持っていることがある。たとえばダナーの靴。バウルーのサンドイッチメーカー。ロッジのスキレット。それぞれが親から譲り受けたり、夫やパートナーとの共有品だったり、手に入れた経緯もなんだか似ている。そしてたいていの場合、みんな「これはアウトドア用」と区別せず、ふだんの生活でも普通に使っている。

noyamaの外遊び道具は、「趣味のための特別な道具」というより、「生活の道具」といったほうがしっくりくる。「一生もの」という気負いもなく、ただ好きだから大切に、長く使う。ぼろぼろになっても修理をしてずっと使う。いつの間にか4人の道具は渋い味が出て、堂々としたものばかりになった。そうか、これが「一生もの」ということか。

気がついたら、いつも側にある道具。それがnoyamaの一生もの。それはこの先もずっと普通に使い続けていくであろう、暮らしのなかにある道具なのだ。

プライベート、雑誌の撮影や野外イベントの出店など仕事も入れると、多いときで1ヶ月に一度はキャンプをしている（真冬でも！）。私たちは、食べる以外「何もしない」ことを信条としている。旬の食材で簡単な食事を作って、炎を眺めながらお酒を飲んで、眠くなったらテントで寝る。キャンプはがんばらないのが一番なのだ。

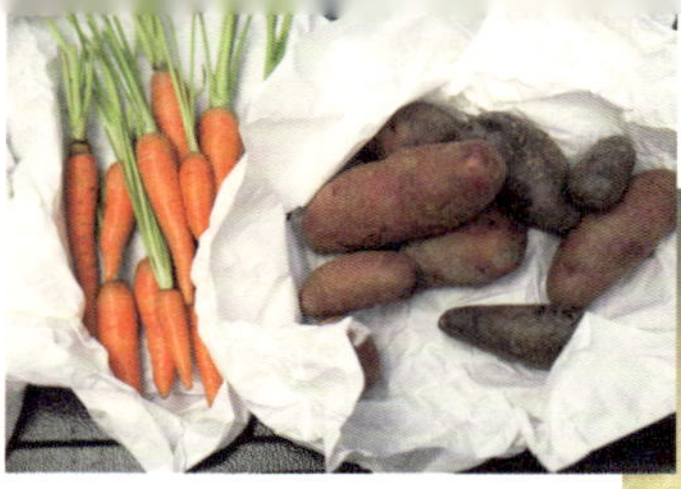

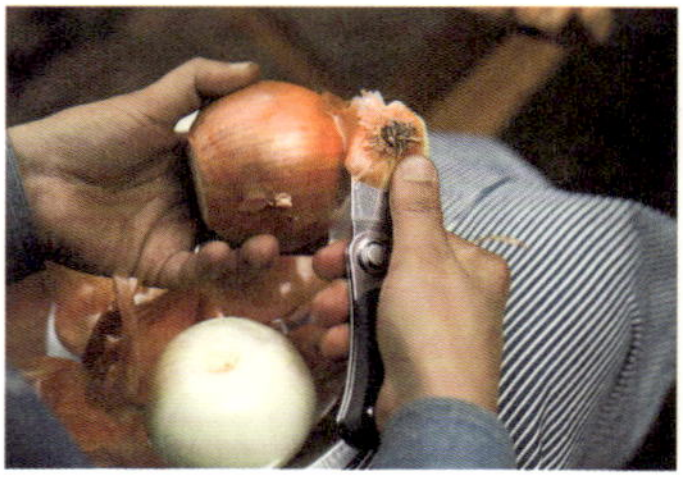

ある秋のキャンプ。「ガールスカウトみたいに焚き火だけで料理をして、ゆっくり夜を過ごしたい」という思いつきで、奥秩父へ。薪を集めて、火をおこして、飯盒すいさんをして。朝は焚き火でこんがり焼いたトーストで、おはよう。キャンプはシンプルであればあるほど、自然を近くに感じられる。

〝よい時間〟を過ごせるテント。

仲間とキャンプ場に着くと、荷物を下ろす前に、テントを張る場所を探して歩き回る。眺めがいい、芝生がふかふかしている、大きな木がある……。状況によって張りたい条件が変わるので、最初から場所が指定されているようなキャンプ場へはあまり行かない。気持ちいい場所に、気持ちいい空間を作りたい。こうしているとテントをたてるのは、自分の家を建てるのと同じだなあ、と思う。

テントはまさに野外の家。外見も中の過ごしやすさも妥協したくない。ここ6年ほど使っているのがヒルバーグのアラックというモデル。ヒルバーグはスウェーデンのテントメーカーで、その品質の良さから極地遠征でも使われているとか。出入り口が2カ所、両方に前室（テント本体とフライシートの間に設けられたスペース。ここで靴を脱いだり、雨の日は料理もする）があるのがいい。ひとりで使うときは気にならないけれど、ふたりで使うときには自分だけの入り口やスペースがあったほうが便利だから。

重さが3.1kgとそこまで軽くはないけれど、夫婦で分担して持てば問題なし。ふたり寝ても十分に広いので、ただ眠るだけでなく、寝袋にくるまって、のんびり本を読みたいと思ってしまう。ひきこもりたくなるほど、心地よい時間をくれるテントなのだ。（山戸）

1 | HILLEBERG［ヒルバーグ］
アラック

重量：3.1kg　室内面積：3.0㎡　価格：¥110,000　問：エイアンドエフ

テントは通常は本体をたてた後にフライシートという雨よけのシートを張るのだけれど、ヒルバーグのテントは一体化しているのが特徴。その分、設営が早い！

焚き火好きのための軽食テーブル。

ここ3年ほどキャンプ用のテーブルを探していた。仕事でキャンプ好きな人たちの道具を取材させてもらったり、野外フェスなどキャンプイベントでいろいろなメーカーのテーブルに触れる機会があったが、どれがいいのか全然わからない。たぶん、自分のキャンプのスタイルというものが定まっていなかったのだろう。

私のキャンプの目的は焚き火である。料理はそこまでしない。焚き火でソーセージや玉ねぎを丸ごと焼くだけで満足だ。となると、炎に近い場所で使えるローテーブルの方が、具合がいい。

欲しいものは意外とすぐ近くにあった。山戸さんが使っている、ブルーリッジのカロリナスナックテーブルだ。天板の木についた焦げ跡や傷。長く使ってもみすぼらしくならず、味が出てくるのがいい。金属製の天板だとこうはいかない。まるでちゃぶ台のように、折り畳んでどこへでも持っていけるような気軽な感じ。「カロライナ州の軽食のためのテーブル」という名前にも惹かれた。

同じブランドのチェア（☞26頁で紹介している）をもともと持っていたので、高さや見た目のバランスもぴったり合う。ものをのせられれば何でもいいと思ったら大間違い。キャンプの度に必ず使うものだからこそ、細部まで愛せるものでないといけないのだ。（髙橋）

2 | Blue Ridge Chair Works ［ブルーリッジ チェア ワークス］
カロリナスナックテーブル

重量：3.6kg　サイズ：W70×D53×H26cm　価格：¥21,000　問：エイアンドエフ

脚を畳めば1枚の板のようになる。ひとりでも持ち運べるし、家での置き場所にも困らない。

ブルーリッジ チェア ワークスは、アメリカ・ノースカロライナ州の木工家具ブランド。木工専門ブランドだけあって、使えば使うほど、木のいい味が出てくる。

野山をずんずん、どこまでも歩ける靴。

キャンプにはダナーライトとサンダルを持って行く。キャンプ場によっては道が岩や泥だらけということろがあるし、たとえ草原でも朝露で濡れてしまう。スニーカーだと足首をくじいたり、どろどろになってしまうこともある。

その点、ダナーライトは足首までしっかり保護してくれるミッドカット。アッパーの素材はレザー×ゴアテックスという水に強いコンビだから、朝露くらいの濡れなら問題なし。熱にも強く、焚き火の火の粉が飛んできても、よっぽどのことがないかぎり穴が空いたりしない。ただ脱ぎ履きがちょっと面倒なので、朝夕など、テントを出たり入ったりするときはサンダルに履き替えている。

ダナーライトは本来トレッキング用の靴なので、しっかりしたビブラムソールが使われている。この靴なら、キャンプ場にテントを張ったまま近くのトレッキングコースに歩きに行くなんてことも、気がねなくできるのだ。

細めのシルエットで、いわゆる登山靴のように野暮ったくならないデザインもいい。ソールを張り替えたり、メンテナンスをきちんとすれば、10年は履ける。もう一足、オールレザーのマウンテンライトというのも履いているけれど、これももう15年選手。二足とも、この先ずっと履き続けたい「一生靴」だ。（しみず）

3 | Danner［ダナー］
ダナーライト

参考商品（オールレザーではないモデルは現在も販売中） 問：ダナー

これは山戸さん愛用のダナーライト20周年記念モデル。1500足限定で販売されたもので、アッパーはオールレザー。ちなみにシリアルナンバーは1346／1500。

あったら楽しい上級アイテム。

トライポッドは、ああ、キャンプをしてるなあ、と特別に野外感を感じる道具のひとつ。ずっしり重い鉄製の三脚をバランスを見ながら焚き火の上に立てて、スープが入った鍋を吊り下げる。チェーンの長さで吊るす鍋の高さを調節して（鍋を上げれば弱火、下げれば強火といったように）、火加減を自由自在に操る。トライポッドがあるキャンプはいかにもアウトドアといった風景で、長年使い続けていても、かっこいいなと思う。

地面に直接石を組んで焚き火をする（直火）場合は、トライポッドがなくても加熱調理はできる。木工作家で、木の扱いに慣れているしみずさんは、太い木を3本拾ってきてひもでぐるぐると巻いて簡易トライポッドを作ってくれるし、トラベラーズグリル（☞46頁）というすぐれものもある。でも、焚き火台を使った場合、トライポッドなしでは鍋を火にかけることが難しい。東京近郊などでは多い〝直火禁止〟のキャンプ場では、トライポッドは必須なのだ。

ロッジは110年以上の歴史をもつアメリカの鋳物メーカーで、鋳鉄鍋など150種類以上の調理道具を扱う。ダッチオーブンとスキレットも愛用しているが、漆黒でどっしりとした鋳鉄の質感。古き良きアメリカの生活を思わせる雰囲気は、ロッジにしか出せない。（山戸）

4 | LODGE［ロッジ］
トライポッド

重量：4kg　サイズ：H110cm　価格：¥7,000　問：エイアンドエフ

鍋の中は野菜や豆をたっぷり入れたスープ。鍋の高さを変化させて、火加減を調節する。

畳むと一本の棒になる。

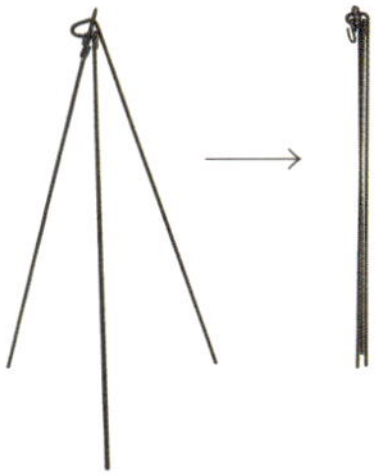

ほの暗さを楽しむためのランタン。

野外で過ごす夜は、暗ければ暗いほどいいなあ、と思っている。せっかく外に出て自然に囲まれているのだから、煌々とした光の下にいるのではなく、闇というものを楽しみたい。

そこで、このコールマンのワンマントルランタンである。購入当時はガソリンランタンのなかでは一番小さいサイズだったと思う。小さいから持ち運びも楽で、闇夜をほんのり照らすくらいの、さりげない明るさに調節できるのがいい。

ランタンは使う燃料によって扱いやすさに大きな違いがある。ガスや電池は、スイッチを入れるだけで電球にぱっと灯りがともる。電池にいたってはランタン風ライトだからテントの中で衣類などに燃え移る心配もない。

でも私はなんといってもガソリン派。マントルの灯が醸し出す雰囲気はガソリンランタンでしか出せないし、そもそも簡単に火をつけてやろうなんて思ってない。なかなか火がつかなかったり、いきなり大きな火柱が立ったり、炎が安定しなかったり……。「火と向き合っている」とでもいうのか、そんな時間が好きなのだ。

暗いと不便じゃない？と聞かれるけれど、まだ日があるうちに料理は全部済ませてあるし、手元を照らすならヘッドランプがある。ランタンの灯りは、その灯り自体を楽しむものなのだ。（しみず）

5 | Coleman ［コールマン］
ワンマントルランタン

現行品 → 重量：1.4kg　サイズ：φ16×H31cm　価格：¥12,000　問：コールマンジャパン

マントルとは電球でいうフィラメント。
これが光ることで明るくなる。

こちらが現行品→
同じくガソリンワンマントルランタン。

家でも外でも贈り物でも。鉄鍋界イチ使える鍋。

もともとは料理家さんが家で使っているのを見て便利そうだなと思って買ったスキレット。いわば鉄でできたフライパンで、これがあれば鍋はひとつでいいのではないかと思うくらい、焼く、煮る、揚げる、蒸す、茹でると活躍してくれる。

さらには焼き上げた料理を熱々のままテーブルに出せるので、大皿の役割までこなす。本体だけで約1.5kg、別売りのフタを合わせると2.5kg近くと重いのがたまにキズだけれど、重量がある鉄だからこそ何でもない料理がおいしくなる。

鉄は一度温まるとなかなか冷めないので、弱火でムラなく、じわじわと食材のおいしさを引き出してくれる。フタをするとさらによし。圧力がかかって、肉など硬い食材がやわらかくなるのだ。

最大のポイントは、フタの裏にある突起。鍋内でぐるぐると回っている旨味を含んだ蒸気が突起に溜まって、ぽたぽたと食材に染み渡っていく。煮汁をスプーンで食材にかけ続けるイメージで、豚肉のブロックや魚をにんにくと白ワインで蒸してみたら、ふだんのお鍋で作る味と全然違うことがわかってもらえるはず。

重さだけをクリアすれば家でも使えるので、結婚祝いや新居祝いにと、これまで10人以上にプレゼントしているが、必ず喜ばれる。料理初心者さんにこそ使ってほしい、万能調理道具だ。(髙橋)

6 | LODGE [ロッジ]
ロジック スキレット(8インチ)

重量:1.49kg 内径:20.2cm 深さ:4.3cm 価格:¥2,700、カバー¥2,700 問:エイアンドエフ

※フタは別売りです

見よ、この鋳鉄の無骨さを！

ただの目玉焼きも、びっくりするほどおいしくなる。

星空と焚き火のためのイス。

つくづくよく考えられているイスである。たいていのアウトドア用のイスは、折り畳むなどしてコンパクトになるようにデザインされているが、このブルーリッジチェアワークスのイスは、座面と背面、ふたつのパーツを組み合わせて立てる。この合体ロボ的な構造が、木でものを作る立場の人間から見ても、よくできているなあ、と感心してしまう。

まず収納時、ふたつのパーツが一枚の板のように平たく収まった姿が、無駄なく美しい。そして座ったときの背面の絶妙な角度。だいぶ後ろにもたれかかるような体勢になるのだけれど、焚き火を囲むときには、この角度がなんとも具合がいい。背面が長いので体をゆったりと預けられ、長く座っていても疲れない。

ブルーリッジチェアワークスは、アメリカのノースカロライナ州にあるメーカー。木工家具の生産がさかんな土地で、ひとつひとつの家具が職人の手によって作られている。そのせいか、使うほどに木の色や艶に深みが出てくる。キャンプをする時間が長くなるにつれ、味も愛着もどんどん増していくイスなのだ。

シンプルなデザインも気に入っているが、木の部分にバーニングペンで模様を描いたり、背面のキャンバス地にシルクスクリーンで絵を刷ったりして、カスタマイズしても楽しいかな。（しみず）

7 | Blue Ridge Chair Works ［ブルーリッジ チェア ワークス］
フェスティバルチェア with ボトルオープナー

現行品 → 重量：3.2kg　サイズ：W41×D60×H71cm　価格：¥15,000　問：エイアンドエフ

20年以上の経験を持つ木工職人が創業者。現行モデルには背面にボトルオープナーがついている！ ビール好きにはたまりません。

収納、運搬するときは座面と背面を一体化してコンパクトに。収まりが美しい！

英国紳士の心意気を感じて。

まだうら若き20代前半の頃。よく通っていた東京・吉祥寺のセレクトショップで、「ユカちゃんに似合う服あるよ」とすすめてもらったのが、バブアーのジャケット、ビューフォートだった。

バブアーは英国紳士のアウトドアスタイルに欠かせない老舗ブランド。オイルド仕上げされた独特の風合い。襟元のコーデュロイ。緑のタータンチェックの裏地。さすがはイギリスの上流階級御用達ブランドといった風情で、一目で気に入った。もともとは狩猟用に作られたジャケットということで、気品がありつつも、すごく動きやすいのがいい。

あまりに気に入りすぎていたため、どこに行くにも着ていたらぼろぼろに。今は、数年前に買った別モデルを街用に、初代のビューフォートをキャンプ用に使っている。これを着ていると髙橋さんがときどき「ビートたけしが建設現場のおじさんのまねをするときの服」などとふざけたことを言ってくるけれど、そこは軽やかに無視。イギリス貴族の気品がおぬしにはわかるまい。

オイルド仕上げに慣れていないと、はじめは独特の匂いが気になるかもしれない。でもこの素材のおかげで焚き火の火の粉が多少飛ぼうとも、雨に濡れようともびくともしない。がしがし着られるこのタフさこそが、かっこいい。(山戸)

8 | Barbour [バブアー]
ビューフォート

素材：コットン100%　価格：¥51,000　問：バブアー渋谷店

すっきりしたシルエットなのに、保温性ばっちり。寒ければ
ジッパーで取り付けられるキルトのベストも別売りである。

ずっと色あせない昭和的スナック。

キャンプ2日目の朝はホットサンドとたいてい決まっている。前の晩に食べきれなかったものを具材として挟んで、たいらげてしまうためだ。ハムとチーズといったシンプルな組み合わせもいいけれど、なにしろキャンプの夜ごはんの残り。チキンに豆に牡蠣、ブロッコリーにトマトなど。豪華食材のオンパレードだ。

一見バラバラの食材でもあらふしぎ、パンに挟んで焼き上げれば、びっくりするほどおいしくなる。中に入れる具材によって、つまみっぽくもごはんっぽくもできるし、そのときのおなかの空き具合に合わせられるのもいい。

バウルーはホットサンドメーカーの元祖。キャンプ用に買ったのだけれど、同じものがたしか実家にもあった。小さいとき、ホットサンドが大流行して、母がよくおやつに作ってくれたのを覚えている。聞くとnoyamaのメンバーの実家にもあったというから、昭和の家庭ではきっと定番品だったのだろう。

バウルーにはシングルとダブルがあり、ダブルは中央に仕切りがあって、焼き上がったパンを手でもちぎれるようになっている。私が思うに、使い勝手がいいのはダブルのほう。焼きたてを次々と食べるためには小さく焼いた方が早い。片側ずつ違った具材を入れれば、いろいろな味を試せて、なお楽しい。(髙橋)

9 | Baw Loo [バウルー]
サンドイッチトースターW

重量：420g　サイズ：W14.2×D3.7×H35cm　価格：¥4,200　問：イタリア商事

ミルは丸っと洗いたい！

キャンプや登山をしていなかった頃から、ポーレックスの携帯用コーヒーミルは持っていた。コーヒーミルやドリッパーを集めていた時期があったのだ。

ミルをいくつも試して気がついたのだが、パーツがばらせるというのは実にありがたい。豆の欠片がつまったり、しばらく使わないでキッチンに放置すると、油とほこりまみれになっていたりする我が家のミル。内部まできれいに洗える携帯用ミルは革新的な道具だった。

細挽き、中挽き、粗挽きと、挽く豆の〝粗さ〟を調節できる機能がついているのもうれしい。お気に入りの豆を一番細かく挽き、少しずつ湯を落として濃いコーヒーを抽出して飲むとたまらない。

セラミックの刃は衛生的で匂い移りも少なく、摩耗しにくい。たしかに毎朝、毎晩使ってもへこたれることなく、購入して10年経った今でもカリカリと気持ちいい音を立てて豆を挽いてくれる。

アウトドアを始めてからは、家で使っているものをそのまま外へ持って行く。たった318gで、トートバッグの中にぽんと入れられる。コンパクトなので、「使わないかもしれないけど、一応持って行くか」くらいの気持ちで使えるのもいい。キャンプの朝、挽きたての豆で入れたコーヒーを飲んだら、もうインスタントには絶対に戻れない。（髙橋）

10 | POLEX［ポーレックス］
セラミックコーヒーミル

重量：318g　サイズ：約φ4.9×H18.8cm（ハンドルを除く）　価格：¥3,500　問：ジャパンポーレックス

パーツを全部取り外して丸洗いできるのですごく衛生的。白いねじで粒度を調整する。

粗挽きだと薄めに。細挽きだと濃いめに。
同じ豆でも風味が変わる。

やっぱりかっこいい、メイド・イン・USA。

鞄はトートバッグかリュックと決めている。なかでもL.L.Beanのトートバッグは特別だ。もう25年ほど使っているから、キャンバス地はくたくた。少しほつれ始めているけれど、逆にそれがいい。デニムと同じで、長く使うほど手になじんで、自分のものになっていく。

キャンプのときは、まな板、包丁、ざる、キッチンペーパーなど料理まわりの道具をぽいぽい放り込んで行く。1泊くらいの小旅行からふだんの買い物まで、マイバッグとして使いたおしている。

私が今使っているものは、まだ日本にショップがなかった頃、14歳だった夫がわざわざアメリカから購入したものらしい。ネットもメールもない時代。時差を考えてファックスを送ったり、つたない英語で電話をしたりして手に入れたという思い出の品だ。そんな話を聞いてしまったら、たとえどんなにくたくたになっても、手放すわけにはいかない。

70年も前、氷を運ぶために作られたというL.L.Beanのトート。そのため生地は24オンスと分厚くて、すこぶる丈夫。時代を経てもデザインが変わらず、ずっとMADE IN USAを貫いている姿勢もかっこいい。何度も何度も洗って、トレードマークの持ち手の赤色が薄くなってきているのもまたいい感じだなあと、われながら思っている。（山戸）

11 | L.L. Bean［エル・エル・ビーン］
ボート・アンド・トート（L）

重量：709g　サイズ：W 約43×D約19×H約38㎝　価格：¥6,900　問：エル・エル・ビーン

1944年、「ビーンズ・アイス・キャリア」という名で発売されたのがはじまり。氷も運べる！

Bean's Ice Carrier

Bean's Men's Ski Pants

Bean's Red and White Stocking

Bean's Folding Picnic Table

L. L. Bean Inc. Freeport Maine

この色あせ感はちょっとやそっとでは出せない。自慢の道具のひとつ。

キャンプに欠かせない隠れアイテム。

noyama 4人が集まると、たいていゆっくり料理をしてお酒を飲もう、というのが目的のキャンプになる。焚き火が好きなので、料理をするのもイチから火をおこす。でも、焚き火を目的にしていても、全員が必ずマイストーブを持ってくる。

ストーブというのは、バーナーとも呼ばれる野外用の携帯コンロ。焚き火で野菜や肉を焼いているわきでお湯を沸かしたり、ウイスキーを温め直したり。サブ的な調理器具としてとても役立つのだ。

もちろん、ひとりだけお茶を飲みたい、あるいは網で干物を焼きたいなど、そういった個人プレイも、これがあれば許される。慌ただしい朝は焚き火はせず、これでさっとお湯を沸かしたり、ホットサンドを作ることだってできる。

登山のときには気温や気圧が低くても着火しやすいガスボンベと、専用のストーブを使っているが、燃料に家庭用ガスボンベを使えるということもあって、キャンプのときはこちらのほうが断然便利。キャンプの朝、うっかり燃料を忘れた！ なんてことになっても、ガスボンベならコンビニでも売っている（登山用のものは登山用品店でしか買えない）。

たったひとつでも道具を忘れると台無しになってしまう外遊びだからこそ、こういうちょっとした便利さが意外と大事だったりする。（野川）

12 | SOTO［ソト］
レギュレーターストーブ ST-310

重量：350g　サイズ：W16.6×D14.2×H11cm（使用時）　W14×D7×H11cm（収納時）
価格：¥6,000　問：新富士バーナー

SOTOはアウトドアから農業用の草焼きバーナーまで扱う
「炎の総合メーカー」、新富士バーナーのブランド。頼れるはずだ！

世代を超えていく、手作りの斧。

ナイフや斧など刃物が好きなのは、包丁を使う職業だからではなくて、アウトドア好きだった父の影響かもしれない。

父は遊び行くときにはスイスアーミーのスタンダードスパルタンというナイフを必ず持っていて、バックパックに一緒に入れていた林檎を剥いてくれたり、散歩の途中だったら林の中に入って行って花を摘んでくれたりした。東京から八ヶ岳に移住し、夫婦でペンションを営み始めてからは、いつもリビングには薪ストーブのための薪と手斧があった。

昨年の夏、私も八ヶ岳に移住し、冬は薪ストーブを使うようになった。今となっては斧は憧れだけでなく、生活に欠かせない道具になっている。

このグレンスフォシュ・ブルークの手斧は薪割り用ではなく、焚き火用に枝木を切り裂くときに使う小さいサイズ。本国スウェーデンでも、その小ぶりで使いやすい大きさから「最初に買うべき斧」と言われているらしい。刃の部分を保護する革ケースがついているので、キャンプにも安心して持って行ける。

グレンスフォシュ・ブルークは1902年創業。職人による手仕事で作られており、すべての斧に職人のイニシャルが刻印されている。父の姿に憧れた自分のように、親から子へ、世代を超えて受け継がれていく道具のひとつだ。（山戸）

13 | GRÄNSFORS BRUK ［グレンスフォシュ・ブルーク］ ワイルドライフ

刃渡り：8cm　柄長：34.5cm　価格：¥14,000　問：ファイヤーサイド

焚き火に必要なのは、燃えやすい木っ端。枯れ枝を折ったり
薪の皮を剥いだりして木っ端を作るのに、手斧は必須。

地味だけど使える、これぞ〝道具〟!

夏。キャンプではよくハイボールや自家製シロップのカクテルを飲むのだけれど、ソーダは瓶で、と決めている。

瓶は重いしかさばるのだが、ペットボトルではなんだか見た目があじけない。それに同じソーダでも、少量ずつ開けて飲む瓶タイプのほうが、キリッとしていておいしく感じる。瓶なら近所の酒屋が回収してくれるというリサイクル性の高さも、自然のなかで遊ばせてもらっている身としては心苦しくない。

ただ、瓶だと炭酸が抜けるのが早い。そこで、この密封栓抜きの登場である。写真を見てもらえるとわかりやすいが、栓抜きの持ち手の部分がキャップになるというすばらしい発想のもと作られたロングセラー品だ。栓抜きでキャップを開け、持ち手の部分を瓶の口にはめると、カパッと気持ちよくはまってくれる。密閉性が高く、夜ソーダを開けて、次の朝飲んでもまだしゅわしゅわしている。聞くところによると、栓抜きの先端にある突起はプルトップも開けられるらしい。

1つに3つの用途がつまっていてしかもシンプル。なんという〝用の美〟!栓抜きが行方不明になることが多いので、瓶にくっつけておけば紛失しにくいという利点も。日本利器工業という日本のメーカーのもので、今も変わらない昭和テイストなパッケージも素敵。(しみず)

14 | 日本利器工業
ニューシズラー

対応瓶口径:26mm前後　価格:¥450　問:日本利器工業

しょうが、スパイス、黒砂糖に水を加えて煮た自家製ジンジャーシロップをソーダで割ってジンジャーエールに。夏の味！

ブルネット美女がトレードマークの昭和的パッケージ。

野外ではドリップよりパーコレーターを。

パーコレーターとは、コーヒーを抽出する道具のひとつ。家で使う人は少ないかもしれないが、その手軽さと、一度に大量のコーヒーを作れる仕組みから、野外では定番のコーヒーメーカーだ。

コーヒーはネルドリップが好きなのだが、野外ではパーコレーターで淹れたほうがおいしい。屋外だと、ゆっくりドリップしていると冷めるし、使用後のペーパーフィルターがゴミになる。その点パーコレーターは、湯を沸かし、付属のバスケットに挽いた豆を入れ、弱火にかけておくだけ。沸騰した湯が蒸気圧によってパイプを上昇し、粉の入ったバスケットを通ってまた上昇する。これを繰り返すことでコーヒーが抽出される。

火にかけたまま抽出できるから冷めないし、大勢の分を一気に淹れられて便利である。コーヒーが循環できているかどうかは、ふたのツマミのガラス部分を見ればわかる。こぽこぽと音を立てて沸き上がるコーヒーを眺めるのも、キャンプならでは楽しい時間だ。

ちなみにパーコレーターは、アメリカでは西部開拓時代に普及したという。取っ手の部分を木で作った三脚にかけて、焚き火の上に吊るしていたのかもしれない。『大草原の小さな家』で読んだ情景のようで、さらにパーコレーターが好きになってしまうのだった。（髙橋）

15 ｜ GSI［ジーエスアイ］
ステンレスコニカルパーコレーター 8CUP

重量：900g　容量：1.2ℓ　サイズ：φ11.5×H17cm　価格：¥9,000　問：エイアンドエフ

おいしいアメリカンコーヒーが淹れられます。

付属のバスケットに
やや粗挽きの粉を入れる。

湯を沸かしておいたパーコレーターにセットする。

弱火にかける。
強火だとまずくなります！

熊でも壊せないクーラーボックス。

テント、寝袋、調理道具、イスやテーブル。キャンプ道具が一通りそろったらだんだん欲しくなってくるのが、〝いい〟クーラーボックスではないかと思う。

多くのメーカーからさまざまなタイプのものが出ていて、値段も質もピンキリである。このイエティのクーラーボックスは、自慢ではないがピンのほう。ちょっとお高いクーラーボックスだ。

フタも側面もかなり厚く、密閉性がすごい。私が持っているものは小さいので食材は入れずにお酒専用にしているのだが、夏のキャンプでビールが翌朝もキンキンに冷えている喜びは、このクーラーボックスのおかげなのだ。少々重さはあるけれど、フタにもしっかり断熱材が入っていて、とにかくすごい保冷っぷり。

そして、頑丈さ。ネットかなにかで見たのだが、熊が襲っても、大男が上に乗っても開かない、壊れないという。もともとレジャー向けではなくて、ハンターやフィッシャーマンなどのプロ向けに作られているものなので、1泊2日くらいの日本でのキャンプにはもったいないくらいの性能の高さなのだ。

でも、食材の傷みを心配したり、ぬるいビールを飲んだりするストレスを考えると悪くない買い物だったと思う。一生ものの〝野外冷蔵庫〟として、これからもどんどん使っていくつもりである。（しみず）

16 | YETI COOLERS ［イエティ クーラーズ］ クーラーボックス

現行品（35qt）→ 重量：7.7kg　容量：28.3ℓ　サイズ（外寸）：W53.3×D39.4×H40.6cm
価格：¥40,000　問：エイアンドエフ

YETI COOLERSは、2006年創立のまだ新しいメーカー。
これは廃番品だが、新モデルは日本の代理店でも購入可。

焚き火に欠かせない、名脇役。

このステンレス製の網のようなもの。これは立派なグリル。なんでもないような網に見えるけれど、焚き火キャンプはこれがないと始まらない。

焚き火で料理をする場合、ぶすぶすと完全燃焼した木や木炭の上に鍋を置くのが理想的。トライポッドのように上から吊る方法もあるが、吊るせる鍋はひとつだけ。しかも持ち手がある鍋しか使えないので、そんなときにこのグリルが役立つ。石と石の間に橋のようにグリルを渡して、そこに鍋を置く。平面なので鍋だけでなく、ポットでもフライパンでも置けるし、食材を直にのせてもいい。

一番ありがたみを感じたのは、アメリカのジョン・ミューア・トレイル（340㎞）を歩いたときだ。ステンレス製で、かつ一本一本の棒の中が空洞になっているので、142gと軽量。にもかかわらず、大型の鍋をどんと置いても全然動じない頑丈さがある。パンやソーセージを直接置いて直火で炙ると、香ばしい香りとこんがりいい焼き色がついて、すごくおいしかった。

ちなみに中央の棒が1本なのが「パッカーズグリル」で、2本が「トラベラーズグリル」。パッカーズグリルのほうがやや軽量なので、この名前になったんだろうな。なんとも旅心をくすぐるネーミングも、またいい。（山戸）

17 | PURCELL TRENCH ［パーセルトレンチ］
トラベラーズグリル

重量：142g　サイズ：W43.2cm × H12.7cm　価格：¥7,800　問：パーセルトレンチ

おき火になったエリアにグリルを渡して、好みの食材を置くだけ。最高に贅沢な焚き火料理！

「無政府主義的山岳家」のためのカップ。

キャンプの食器や調理道具は家で使っているものを持って行くことが多い。木やホーロー、アルミなど割れにくい素材なら、専用のものでなくても問題ない。

といいつつ、いつも必ず持参するキャンプ専用の道具がある。アナルコカップスのカップだ。ロッキーカップといわれるカップをご存じだろうか。直火にかけられて、カップ、鍋、皿と何役も果たしてくれる野外道具の定番品だ。

多くのメーカーがサイズ、素材、デザインを変えていろいろなカップを出しているなか、アナルコカップスは他商品とはちがう佇まいを持っている。ステンレス製でありながら、ピカピカ感のないマットな質感。その無骨な佇まいを生んでいるのは表面にある傷のような模様で、これは、わざと職人の手跡を残す「へら絞り」という手仕事の技によるものだ。

アウトドア用のカップは底辺から飲み口に向かって広がる逆台形のものが多いが、ふとしたときに液体がこぼれてしまうのが好きじゃない。その点、アナルコカップスのカップは寸胴で、深めに作られているので、こぼれ知らずでたっぷり入るところも気に入っている。

日本の職人が手作業で作っていることだわりのカップ。形やサイズ違いで少しずつ集めている、数少ないキャンプ専用の道具コレクションだ。（しみず）

18 | ANARCHO CUPS ［アナルコカップス］
ハーフパイント

ハーフパイント→ 重量：100g　サイズ：φ9.5×H4.8cm　価格：¥5,400　問：..... リサーチ ジェネラルストア

くすんだような質感が渋い！ 佇まいも無骨そのもの。

縦長のマグタイプやプレートなど、さまざまなサイズや形がある。ステンレス製のフタも別売りでラインナップ。

母の代から続く、不朽の台所道具。

ゴミを増やしたくないので、使い捨てのものはふだんからできるだけ使わないようにしている。だからキャンプにも使い捨てのジッパー付きビニール袋ではなく、プラスチック製の密閉容器、いわゆるタッパーに食材を入れて行く。

「タッパー、タッパー」と一般名称のようによくいうけれど、じつはこれはタッパーウェア社の登録商標。私の愛用の密閉容器は正真正銘、アメリカのタッパーウェア社のタッパーである。密閉性とデザイン性、そして耐久性に優れたタッパーが大好きで、母から譲り受けたものやアメリカのビンテージなど大小合わせて10個以上持っている。

このポピーはビームスが復刻したもので、夫が買ってきてくれたのだが、確か母も同じものを使っていた。このレトロな色合い、ぎざぎざのフタ。幼い頃の台所を思い浮かべると、真っ先に思い出される道具かもしれない。

家では乾物や常備菜を入れているが、キャンプにはタレに漬け込んだ肉や魚介類、切った野菜を入れて行く。肉や魚はタッパーごと凍らせて、クーラーボックスへ（保冷剤の役割も果たす！）。夏場でも食材の傷みを防げるし、キャンプ場に着く頃にはほどよく解凍されて、合理的。今も昔も、家でも外でも、タッパーは超便利な台所用品なのだ。（山戸）

19 | Tupperware × bpr BEAMS ［タッパーウェア × bpr ビームス］
ポピー

重量：94g　容量：700mℓ　サイズ：W19.8×D16.7×H8.6cm　価格：¥2,000　問：ビームスジャパン

1946年にアメリカで生まれた世界初のプラスチック製密封容器。日本でもおなじみ。

チョコ、グリーン、オレンジの3色。かわいいのでそのまま食卓に出すことも。

noyama流 焚き火料理

焚き火はキャンプの雰囲気をぐっと高めてくれるものだけれど、焚き火を使って料理をするとなお楽しい。焚き火ならではの火加減に慣れれば、いつもの食材が、びっくりするほどおいしくなりますよ。

目と耳で見極める、焚き火の火加減

目で
弱火：鍋底から炎がはみ出ないくらい
中火：鍋底から炎がややはみ出るくらい
強火：鍋の側面まで炎が回るくらい

耳で
弱火：「シャー」
中火：「ジュー！」
強火：「ジャー！！」

＊ どんな料理を作るかによって、薪を足したり引いたりしながらベストの火加減を保ちましょう。

車麩と季節野菜のスキレットグリル

車麩 ---------- 2枚
マッシュルーム ---------- 4個
舞茸 ---------- 1パック（小房に分ける）
黄色パプリカ ---------- 小4個
赤色パプリカ ---------- 小4個
ししとう ---------- 4本
油 ---------- 大さじ1
塩こしょう ---------- 少々

A
水 ---------- 1カップ
しょうが --- 1かけ（すり下ろす）
にんにく --- 1かけ（すり下ろす）
しょうゆ ---------- 大さじ1

① Aの材料をよく混ぜ車麩を浸し、完全に戻ったら軽く水気を絞る。
② スキレットに油をしき、すべての材料を並べる。
③ スキレットに蓋をして焚き火にかけ、ジュージューと音がしてきたら火の弱い場所に移す。
④ 途中で車麩と野菜類をひっくり返し、全体に焼き色がつくまで蒸し焼きにする。
⑤ 最後に塩こしょうをふって味をととのえる。

ムング豆のダル
飯盒ターメリックライス添え

ダル（大きめの鍋に一杯分）

玉ねぎ ------- 2個（粗みじん切り）
にんにく ----- 1かけ（みじん切り）
ムング豆 -------------- 1カップ
水 ------------------------ 1ℓ
クミンシード ----------- 大さじ1
クミンパウダー --------- 小さじ1
コリアンダーパウダー --- 小さじ1
カレーパウダー --------- 小さじ1
塩・ブラックペッパー ------ 少々
油 -------------------- 大さじ1

① 鍋に油とクミンシードを入れて焚き火にかけ、温まってきたら玉ねぎとにんにくを加えて炒める。
② ほんのりきつね色になってきたらムング豆と水を加えて軽くかき混ぜる。
③ 沸騰しないくらいの火加減に保ち、40分ほど煮込む。
④ ムング豆に火が通り、とろりとしてきたらスパイスを加え、最後に塩こしょうで味をととのえる。

ターメリックライス

白米 ---- 2合（飯盒の中蓋すり切り1杯）
水 ---------------- 2合（米の同量）
ターメリック ----------- 小さじ2
塩 -------------------ふたつまみ

① 米を洗い、水気をよく切る。
② 同量の水とターメリック、塩を加えて30分ほど水に浸す。
③ 飯盒を焚き火にかける。（鍋底から炎がややはみ出すくらいの火加減にする）
④ 沸騰して蓋が持ち上がってくる場合は蓋の上に石などをのせ、ほんのりとおこげの匂いがしてきたら火から下ろす。
⑤ 飯盒をひっくり返し、15分ほど蒸らす。

飯盒でおいしく炊くコツ！

火加減は、常に鍋底からやや炎がはみ出るくらいの中火。炊き時間は気温や風の強さによっても変わるので、炊きあがっているかの見極めは匂いで！　ほんのりおこげの香りがしてきたら火から下ろすサインです。お米を水に浸すことで芯が残りにくくなるので、必ず行いましょう。

林檎のほったらかしジャム

林檎 ---------------------- 2個
水 -----林檎の半分が浸かるくらい
レモン -------------- 1個（スライス）
砂糖 ------------------ 1カップ

＊ 林檎が2個ちょうど入る大きさの鍋を用意する

① 鍋にすべての材料を入れて蓋をし、焚き火にかける。
② 鍋底から炎がはみ出ないくらいの火加減を保ちながら、水分がほとんど無くなるまで煮込む。

ウイスキー オブ ザ デイ

＊ひとり分
ウイスキー ----------- コップ1/4
お湯 ----------------- お好みで
レモンシロップ -------- 大さじ2
レモンかライム -----2枚（スライス）

レモンシロップの作りかた
① 皮つきのレモン2個をスライスし、密閉容器に入れる。
② ①にレモンと同量のきび砂糖を加えて一晩おく（ときどきかき混ぜる）。

お湯で割ったウイスキーに好みの量のレモンシロップを加えて飲む。

やってみると楽しい！火打石で火おこし

何もないところから火をおこせるって、かっこいい！のんびりしたキャンプのときは、ぜひ火打石を使った火おこしに挑戦してみて。木の乾燥具合や風など、自然に左右されるのも、楽しいものです。

— 必要な道具 —

火打石／火打金
チャークロス／麻ひも／紙

ファイヤーサークルを作る

石で囲いを組んで、中に紙と小枝をセットする。

火打金と火打石を打つ

火打石の上にチャークロスを置き、火打金を打つ。

火種を麻ひもに移す

チャークロスに火花が飛んだら、麻ひもに移す。

火を紙に移す

息を吹きかけて火種を大きくし、紙に移す。

火を薪に移す

炎が上がったら、ファイヤーサークルに着火する。

火おこし成功！

徐々に太い木を足して、火を好みの大きさにする。

ホシガラス偏愛コラム

外でも家でも重宝！　働きもののカゴ、あれこれ。

20年ほどかけて集めてきたカゴを数えてみたら50個近くありました。雑貨店や旅先、出張先で買うことが多く、プレゼントでいただくこともあります。先日はカゴの歴史、文化、現状について取材しているうちに廃れていく産業であることも知りました。「このままでは尊い技術が失われてしまう！」と一念発起。岩手、鹿児島、大分でカゴ大名と言われるくらいの買い物旅をしてきました。

カゴのよさは、自然から材料をいただき、人の手が編み出した日常の小さな芸術品であること。わざわざキャンプに持って行くのは、自然のなかにケミカルな素材のものを持って行きたくないからでしょうか。

(1)、(4)は深さがあるのでまな板、包丁、カトラリーなどの道具入れに。ストロー素材の(2)、竹素材の(6)は水

(1)

ふたつきカゴ

(2)

モロッコのストローバスケット

(3)

イタリアのラタンバスケット

に強いので濡れた食器を入れます。(3)は野菜や果物入れ、(5)はパスタやオイルサーディンなど乾物、缶詰入れに。(9)はクーラーボックスなので、ワインを入れて。(7)、(8)、(10)は車に積みっぱなしの大型。着替えやサンダル、ブランケット、温泉用バスタオルなどを入れています。

ふだんからキャンプ道具はカゴに収納して、キッチンとリビングの床に。すぐ手の届くところにあればひょいっと車に積んで出かけられて、とっても楽なのです。(高橋)

(4)

モロッコのレザーハンドルバスケット

スペインのオリーブ収穫用カゴ

(7)

(6)

アジアの竹カゴ

(5)

ワイヤーバスケット

(8)

フィンランドの白樺バスケット

(9)

イギリスのクーラーボックス

(10)

インドのジュートバスケット

TREKKING

森　美穂子
小池瑠美子　の一生もの

ふたりはアメリカのロングトレイルを一緒に歩いた仲。とくに話を合わせたわけではないのに、気づけば似たような道具を持って歩いていた。もちろん見た目は違う。その〝選び方〟が似ているのだ。

例えばザック。1週間のテント泊でも最大50ℓまで。薄手で強度のある生地、軽量のフレーム（またはナシ）を使ったものを選ぶ。コッヘルはフタがフライパンとしても使えるし、トレッキングポールはテント設営にも兼用できる。つまり、極力軽量で、ひとつで何役もこなせる道具を好んで選んでいる。単に横着したいというわけではもちろんなくて、できるだけ身軽に、軽やかに歩きたいのだ。

荷物が重いと自分のペースで歩けない。ぜえぜえと息を上げつつ歩いていては、美しい景色を見る余裕もない。休憩で腰を下ろしても、ああ、もう日が暮れるから急がなくっちゃ。そんな慌ただしい山歩きは、きっと楽しくないと思う。風景を、目に焼き付けるように歩きたい。鳥の声に耳を澄ませたい。テント場ではゆっくり食事を食べて、星空だって見たい。山のすてきな時間を得るためには、自分のペースで軽快に歩くに限る。

私たちの一生ものは、山の時間を楽しむために工夫をこらした道具。軽くて使い勝手がよく、どんな場面にも柔軟に対応できる。そんな〝賢い〟ものばかりだ。

弥四郎小屋

10月中旬の尾瀬ヶ原。湿原全体が黄金色に染まる草紅葉は、尾瀬がもっとも美しい時期。日の出前に起きて、まっさらな太陽の光を浴びる。

日帰りから4泊5日まで、これひとつ。

山旅のスタイルはテント泊が多いけれど、荷物は極力少なくする。人よりも少し早足で歩いて、景色を眺めるときはゆったりと。そんなペースが好きだから、荷物はできるだけ軽いほうがいい。ザックも小さく、軽いものならなおいい。

きっかけは見た目だった。"白"というザックには珍しい色。あまり見かけない紙のような素材感も気になった。キューベンファイバーという極薄のフィルム状の生地と、ポリエステルの複合素材。軽さと強さを両立し、高い防水性もあるという。約800gという重量は以前使っていたザックの半分程度だし、40ℓという容量も多すぎず、少なすぎず、いい。

背面のメッシュパッドはなし。せっかく防水の素材を採用しているのに、汗などの水分を吸って重くなるパーツを付けるのはナンセンス、という理由らしい。そういう筋の通ったもの作りの姿勢にも共感できる。背面に仕込まれたアルミステーが適度な支えになっていて、背負い心地も悪くない。知れば知るほど、背負えば背負うほど、好きになっていく。

先日、開口部のロールトップに継ぎ布をして、10㎝分容量をアップさせた。これでもっと長い山旅にも出かけられる。自分のスタイルに合わせて変化していくザックは、この先ずっと、山歩きの頼もしいパートナーになるはずだ。(森)

1 | Hyperlite Mountain Gear [ハイパーライト マウンテンギア]
2400 ウィンドライダー サウスウエスト

重量:798g 容量:40ℓ 価格:¥37,000 問:ハイカーズデポ

「HMG」はメイン州にある新興のガレージブランド。写真のバージョンの他に、ポケットがフルメッシュになったタイプや、ひと回り大きな55ℓもある。

森に映える、雰囲気満点の三角屋根。

形は最初からティピー型と決めていた。ティピーとは、家ごと移動しながら狩猟生活をしていたアメリカ先住民が、住居として使っていたもの。

このテントはアメリカ西部、ヨセミテ国立公園から約340km南東へ伸びるジョン・ミューア・トレイルに行く際に新調したもの。女子3人で家財道具一式を背負いながら荒野を旅する。そのための家はやっぱりティピー型にしたかった。

まずいいのが、設営が簡単なこと。位置を決めて周囲6点をペグダウン。真ん中にポールをグイッと立てれば、一気に三角屋根が立ち上がる。メンバーがか弱い（?）女子3人だから、軽さも重視。本体とインナーテントを合わせても約2kgと、3人用としてはとても軽い。さらに付属のポール（約360g）を使わずに、トレッキングポールを2本組み合わせるアタッチメントを自作。おかげでさらに軽く、パッキングも楽になった。

ヘトヘトになってキャンプ地に到着したときに、あじけないデザインのテントは張りたくない。しかもそこは憧れの地なのだ。鬱蒼とした森に、きれいなイエローの三角屋根が立ち上がったときのわくわく感。きっと一生飽きないデザインだ。でも考えてみれば当然だ。アメリカの先住民たちは、何百年もこの形の住居で暮らしてきたのだから。（森）

2 | GOLITE［ゴーライト］
シャングリラ3

重量：1.97kg　室内面積：5.5㎡　価格：¥60,000　問：バンブーシュート

残念ながら本国のブランドがクローズしてしまったので、今や入手困難のレアテントに。

約157cmという室内最大高もティピー型のメリット。

マイ・アウトドア道具の原点。

このクッカーセットは、たぶん一番最初に買ったアウトドア道具。たしか10年くらい前、はじめてキャンプに行くときに、なぜかこのセットだけ買った記憶がある。当時は山登りもしておらず、軽さなんて重要視していなかったはず。それでもわざわざチタン製を選んだのは、その質感が好きだったからだ。

でも、金属のなかでも飛び抜けて軽いチタン製のおかげで、山に登るようになってからも重宝し、今ではもっとも年季の入った山道具になった。自分が使っているストーブも、ガス缶とセットで収まる。

キャンプで使っていたときは、フタがフライパンになったり、深い鍋ではスープを温めたり、残ったひとつは食器として使ったり。3つとも役割分担ができていた。でも山に行くときは、大体どれかがお留守番。鍋ひとつとフタ。あるいは鍋だけ2つという感じで、調理するものによって持って行く種類を絞る。微々たる重量でも、軽いに越したことはない。

そういえばこのクッカーに黒マジックで自分の名前が書いてあるのは、キャンプ道具時代の名残だ。幼稚園児みたいと笑われることもあるけれど、今でも消えかかってくると、またマジックで書き直す。だってこれも、大切な山旅の記憶。これまでの思い出を振り返る、ちょっとした儀式のようなものなのだ。(森)

3 | snow peak [スノーピーク]
純チタン食器 3点セット

重量：200g　サイズ：φ15×H6.5cm(収納時)　価格：¥4,380　問：スノーピーク

すでに10年選手。ちょっとヘタってきたけれど、
長く使ってきた分、愛着はひとしお。

フタはフライパンにもなって、すごぶる便利。

小サイズのガス缶がスッキリ収まる。

山の座布団であり、テントの玄関マット。

夕暮れギリギリまで歩いて、テント場に着いたらさっとテントを張る。冷たい岩の上に座ってフリーズドライを黙々と食べて、そのまま就寝。こういうストイックな山旅もたまにはいいけれど、やっぱりどこかあじけない。

テント場には早めに着いてゆっくりとご飯を作りたいし、荷物に余裕があるときならお米を炊きたい。夕暮れや、星空、美しい自然の景色を長く楽しみたい。

当たり前のことだけれど、山には丁度良く腰を下ろせるベンチなんてない。だからゆったりくつろぐために座布団を持参することにしている。〝山の座布団〟と呼んでいるのが、スリーピングマットの座布団バージョン「Zシート」。パタパタと折り畳めば、ザックのサイドポケットに入れるのにほどよいサイズになるし、重さはたった60gしかない。

このマットのもうひとつの役目が「玄関マット」。テント場では、テントと外の出入りがどうしても頻繁になる。食材を出したり、ウエアを重ね着したり、いつもゴソゴソ。いちいち靴を脱ぐのが面倒なので、テントの入り口に膝立ちになって作業するのだが、テントの下の小石が当たって痛いのなんの。そんなときにこのマットを入り口に敷いておくと痛くない！　地味かもしれないけど、かなり役立つお助けアイテムなのだ。（森）

4 | THERM-A-REST［サーマレスト］ Zシート

重量：60g　サイズ：W41×H33cm　価格：¥2,200　問：モチヅキ

玄関マットとして使うの図。就寝時に寒いときは、腰の下に敷くと暖かさアップ。

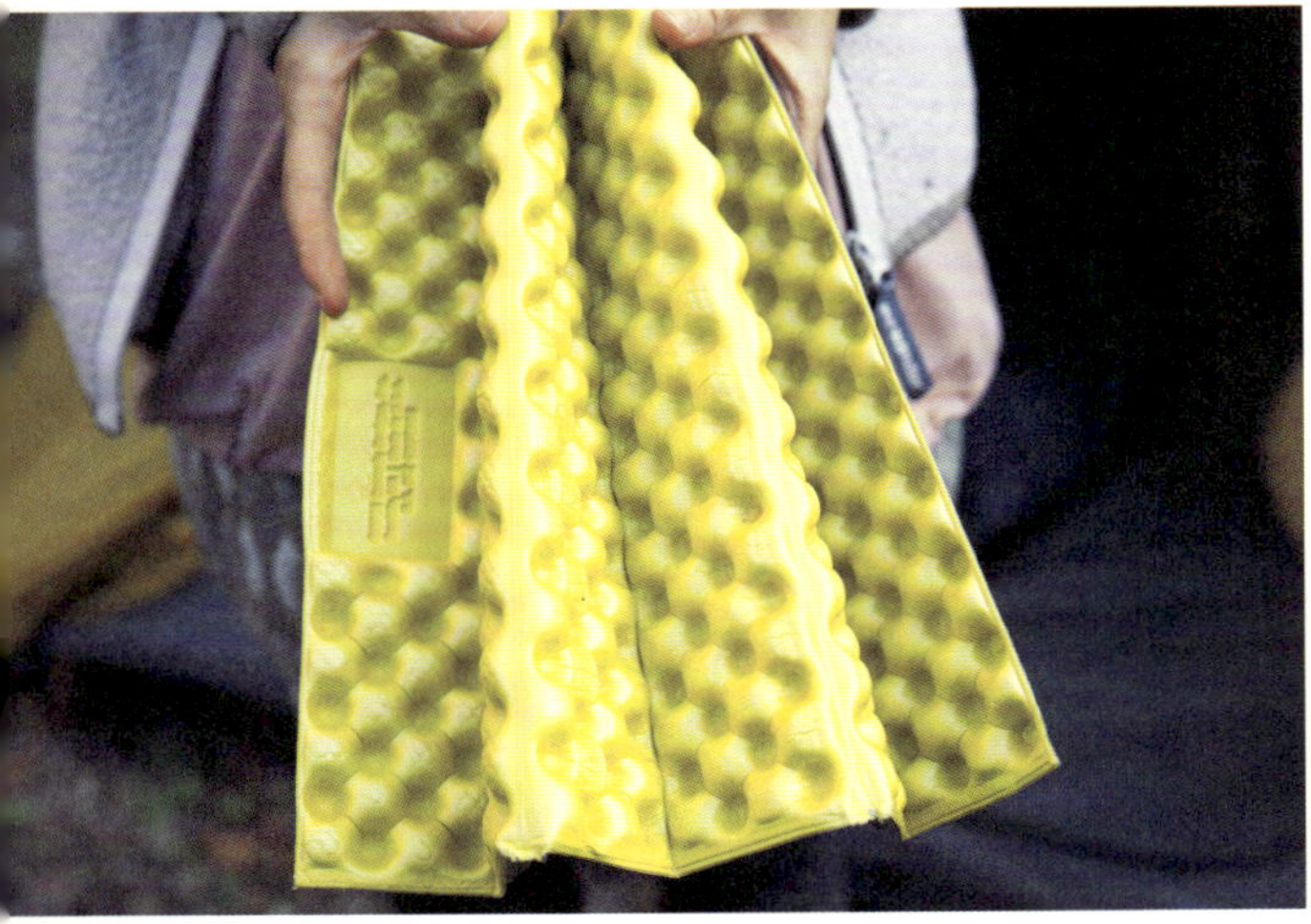

折り畳めば縦長になるので収納場所にも困らない。何なら枕にもなる。

知恵と工夫の外付けパッキング。

できるだけ軽くて、背負い心地が良いザックってないのだろうか？　というわがままな注文に、山道具に詳しい友人が出してくれた答えが、ULAのザックだった。重さは1.1kg。もっと軽いザックは探せば沢山あるけれど、背面にしっかりフレームが入っていて、メッシュパッドも付いているタイプの中では、とても軽い部類といっていい。

背負ってみると、それまで使っていた重量級のものに比べてクッション類が少ないせいか、やや違和感があった。でも、ショルダーベルトやウエストベルトを調整していったら、自分のベストの〝背負い位置〟を発見。一気に背負い心地が良くなり、以降ストレスとは無縁に。

一番好きなのは、工夫次第でいろいろと外付けできるシステム。岩稜帯などでは引っ掛かったりすることもあって危険なので、外付けはあまり推奨できない。だけど例えば尾瀬のような穏やかな場所を歩くときには、外付けはすごくいい。濡れた衣類やコッヘル、ソーラー充電器なんかをくっつけて歩く。いちいち立ち止まって小物を取り出す必要がない分、足取りがいっそう軽くなる。

まだまだ正体不明のベルトやコードがあるけれど、それをどう工夫して使いこなすか。そういうことを家で考えているのも楽しい時間のひとつだ。（小池）

5 | Ultralight Adventure Equipment
［ウルトラライト アドベンチャー イクイップメント］　サーキット

重量：1.1kg　容量：68ℓ　価格：¥36,000　問：ODBOX

サイドの大型ポケットには行動食などを。ウエストベルト横にもポケットがあり、飴や目薬など、すぐ取り出したい小物を入れる。

ショルダーベルトのゴムは水筒ホルダーに。歩きながら飲める。

絶対に濡らしたくないモノのために。

　このスタッフサックは仕事のパートナーからの誕生日プレゼントだった。「ダウン製品を入れるなら完全防水が安心ですよ」という彼。それまでもスタッフサックはたくさん持っていたけれど、そういえば完全防水のものは持っていない。

　その日から絶対に濡らしたくないものは、これに入れるようになった。なにせ素材は水に強いキューーベンファイバー。しかもシームテープで目張りをしてあって、縫い目が一切ない完全防水仕様だ。

　ダウン類は一度水に濡らしてしまうと性能が極端に落ちる。とくに数日かけて歩くトレッキング中に寝袋を濡らしてしまったりすると悲惨で、その後ずっと凍える夜を過ごすことになる。そんな悲しい思いは絶対、したくない。

　このスタッフサックは上部をくるくるとロールさせて留めるタイプ。これも一番水が浸入しにくい仕組みだ。現行モデルの底面にはeVent®という、水は通さないが空気は通すというハイテク素材が使われていて、圧縮するとすーっと空気が抜ける。細かい点かもしれないが、空気が抜けるか抜けないかで、パッキングのしやすさに雲泥の差が出るのだ。

　こう言うと素材マニアのように聞こえるかもしれないけれど、実はそういった素材に強く興味を持ったのは、このスタッフサックがきっかけだったりする。（森）

6 | GRANITE GEAR［グラナイトギア］
ウーバーライトドライサック

重量：XXS 15g XS 17g　容量：XXS 7ℓ XS 10ℓ　価格：XXS ¥7,000 XS ¥7,800　問：ヴァーテックス

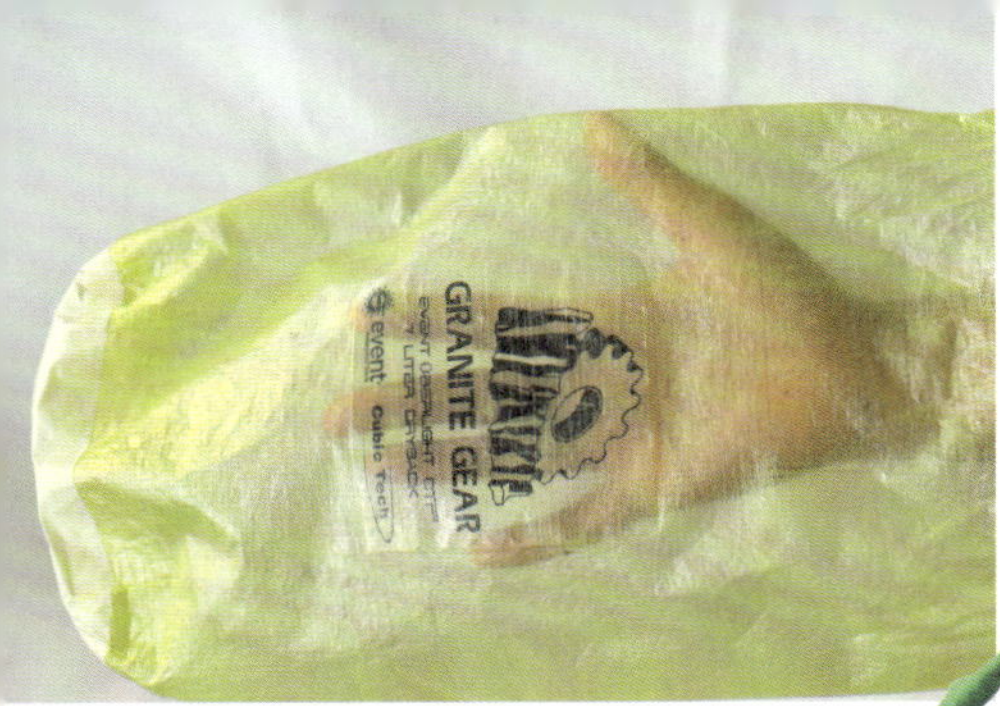

スケ感があるので、外から中身を確認できる。

淡いカラーもすてき。写真の他にS（13ℓ）とM（18ℓ）もある。

山のベッドは小さいのがいい。

マットのレギュラー選手は2つある。ひとつはウレタンフォームだが、あまり小さくならないので、スペースに余裕があるときに持って行く。メリットは置くだけで設置が完了するところ。そしてもうひとつがこのエア膨張式のもの。パッキングがしやすく、空気を抜いて巻き取れば直径10㎝くらいの筒状になる。

私の愛用はSサイズで、一番大きいLに比べると約半分の軽さ。長さ119㎝だから、腰の下あたりまでしかない。よく考えると、テントで寝るときに足先がフカフカしている必要性はほとんどない。寝袋のクッション性だけでも十分快適だし、ザックに足を乗せて寝たっていい。

コンパクトさでいえば、同じサーマレストにネオエアーというモデルがあるのだが、これは空気注入量が多くて、疲れたときにはちょっとしんどい。その点プロライトは、バルブを開けばある程度まで勝手に膨張する（ありがたい！）。断熱のためのスポンジが封入されているので、万が一パンクしても、ある程度クッション性が残る。こういう保険がきくのも、山で使う道具としてはうれしい。

厳冬期のテント泊には、このマットとウレタンマットを二重にするという超贅沢仕様も。状況によって臨機応変に道具を使い分ける。これができるようになったら、登山はぐんと楽しくなる。（森）

7 | THERM-A-REST［サーマレスト］プロライトプラス スモール

重量：430g　サイズ：W51×H119㎝（使用時）　価格：¥11,500　問：モチヅキ

テント場に着いたら、まずはこのマットに息を吹き込む。寝るときはベッドとして、外に出して大きな座布団として使うことも。

トレイル歩きのお守り。

トレッキングポールはお守りみたいなものだ。基本的には使わないが、必ずザックのサイドポケットにある。同行者が足に支障をきたしたり、もしかしたら自分がけがをするかもしれない。そんな万が一の備えだ。ともあれほとんどの場合、一度も使わず下山するので、できるだけ軽くて小さいものを使っている。

愛用品は、1本あたり148g。これは、トレッキングポールの中でも最も軽い部類に入る。材質は高強度のアルミだけれど、カーボン製のモデルと同等か軽量だ。収納時のサイズは約53cmで40ℓのザックのサイドポケットに入れても、ザック本体より長くならないのがいい。

少し前、友人たちとトレイルを歩いていたとき、一番体力があると思っていた人が膝を故障したことがあった。大事には至らなかったけれど、山旅ではそういうこともある。そんなときには、ああ、お守りを持っていてよかったと心底思う。

そうそう、最近、このポールをティピー型テントの支柱として使う技を編み出した。そうすればテント用のポールを持って行く必要がないし、なにより出番があまりなかったこのトレッキングポールにも、日の目を見せてあげられる。出番がないに越したことはないけれど、やっぱり好きで買った道具。活躍している姿を見ると、しみじみとうれしい。(森)

8 | Helinox [ヘリノックス] パスポート FL-120

重量：148g(1本)　サイズ：80-120cm(使用時) 53.3cm(収納時)　価格：¥12,000(2本セット)　問：シナノ

バックパックのサイドポケットが定位置。

身長や傾斜に合わせて長さを調節できる。

こころが踊る、山の〝おしゃれ靴〟。

はじめて歩くアメリカのトレイルは、どうしてもダンガリーのシャツで歩きたかった。写真でアメリカの荒野を見たときに、ライトブルーのダンガリーシャツがぴったりの風景だと思ったのだ。

それに合わせてコーディネートしたのがこのブーツ。これは私にとっては山の〝おしゃれ靴〟。ヨーロッパの登山靴に多いつま先がほっそりしたデザインで、コットン製の靴紐も雰囲気があっていい。とにかく見ていて愛おしい山靴なのだ。

軽ハイキングを想定して作られているモデルなので、履くシーンは選ばないといけない。例えば北アルプスの山々を歩くなら、当然もっと頑丈で、防水性があって、滑りにくいソールのものを選ぶ。その点、アメリカ西部のトレイルは気候が温暖で雨も少なく、きちんと整備されている。こういう山旅こそ、おしゃれを楽しむ絶好の機会だと思った。

カラッとした気候のため、ベースレイヤー（肌着）を速乾のものにすれば、ダンガリーのシャツも不快じゃなかった。事前にインソールを入れておいたこともあってか、50km以上の道のりを歩いた後でもマメひとつなし。なによりも、自分が気に入ったものを身につけて歩くのは理屈抜きで、すごく気分がいい。おしゃれをすること。それは、ときにどんな高性能よりも幸せな気持ちをくれる。（森）

9 | Paraboot ［パラブーツ］
アヴォリアーズ

重量：1.88kg（両足／サイズ25.0cm）　価格：¥63,000　問：パラブーツ青山店

つま先がスッと伸びた形状なのは、岩場のフィールドが多いヨーロッパの登山靴の特徴。蝋を染み込ませてあるので、撥水性もある。

雨に歌って、雨に歩けば。

夏、雨の森。レインウエアを着込んだまま、黙々と3時間歩く。どんなにハイテクのものだって、やっぱりムレる。フードを被ると周りの音も聞こえないし、なんだか修行しているような気分になる。

そんな惨めな思いをするくらいなら、傘を差せばいいのでは、と思い至った。巷には〝山用の傘〟なるものもある。トレッキングでは稜線を長時間歩くこともほとんどないし、なかなかの名案だ。

色は森に映える赤にした。165gで、手に持って歩いても重さを感じない。一般的な折り畳み傘よりも細く、コンパクトに収納できるので、ザックのサイドポケットにも無理なく収納できていい。樹木が適度に雨よけになってくれる森の中でだけ使うことを考えたら、直径86㎝という小さめサイズでも十分雨を防げる。思った以上に使い勝手がよくて、あれだけ嫌いだった雨の山歩きが、鼻歌が出ちゃうくらい快適になった。

この赤い傘と一緒に、いろいろな雨の森を歩いた。青く輝くしっとりとした苔。時折感じる雨宿り中の鳥の気配。雨の森には、晴れの日とは違う幻想的な美しさがある。レインウエアでシャットアウトしてしまうのではなく、ある程度オープンな傘を使って、それを感じてみてほしい。雨降りのトレッキングが、きっと好きになるはずだから。(森)

10 | mont-bell [モンベル]
U.L.トレッキングアンブレラ

重量:165g　サイズ:直径86㎝(使用時)、長さ24㎝(収納時)　価格:¥4,000　問:モンベル

緑の森に真っ赤な傘。これが意外とかわいい。

極薄素材で軽量、
八本骨で頑丈。

誰が着ても可愛く見える山の服。

自分が作ったこのTシャツを一生ものというのは、ちょっと気恥ずかしいところもあるけれど、思い入れと自分なりの工夫はたっぷり入っている。

襟ぐりは大きく開けた。山のTシャツというと、襟ぐりが詰まっているものが多い。それだと首がスッキリ見えなくて、なんだか可愛くない。そして体にフィットしすぎないライン。レディースのアウトドアウエアは、シュッとくびれたラインが多いけれど、あれが苦手な人も多いのでは？　ならばとふんわりしたシルエットにして、動きやすさも重視した。

丈はザックのウエストベルトでめくれ上がるのを防ぐため、長めに。ただ、レインウエアを着たときに裾部分がはみ出してしまってはいけないので、ドローコードできゅっと絞れるようにした。

春夏用の素材は速乾性の高い化繊、縫製にはデオドラントタッチという汗の匂いを抑える特殊な糸を使用。秋冬にはウールを使用して保温性とやわらかい肌触りを両立させた。さらにお化粧ができない山でも顔色が良く見える色を選んだ。

自分がこれまでの山ウエアに持っていた不満をひとつひとつ丁寧に見直していったら、このTシャツになった。誰が着ても可愛く見える、自信作。みんなにとっても一生ものの山服になってくれたらうれしいのだけれど。（森）

11 | and wander［アンドワンダー］
ドライジャージー　ロングスリーブ

価格：¥15,000　問：アンドワンダー

秋冬モデルは、紅葉した山になじむ、
こっくりした色みに。まさに秋の色。

首回りはすっきり、裾はふんわり。

贅沢品だからこそ、とびきりすてきに。

サンダルは山での贅沢品だ。テント場でしか出番がないのに、重いものは持って行きたくない。だから軽さを重視して、つっかけみたいなサンダルを選んでいた。

でも、それを覆す衝撃の出来事が。名付けて「便所サンダル事件」。テント場にテントを張った後、山小屋に遊びに行ったときのこと。帰りに見てみると、私のサンダルがない！ オロオロしていたら、なぜか私のサンダルを履いてウロウロしているオジサンがいる。聞くと「あ、これ？ 山小屋のじゃないの？」だって。便所サンダルと一緒にしないで！

そんなわけで、山から下りてすぐ新調したのがこのテバのサンダル。買い換えのきっかけが「便所サンダル事件」だから、今回は何がなんでもすてきなデザインのものにしてやると選んだのが、ホワイトマウンテニアリングというファッションブランドの別注モデルだった。

ビーチサンダルのような軽量ソールだがほどよい厚みがあって、岩が多いテント場を歩くのも痛くない。足首とかかとがしっかりホールドされているので、テント場からちょっとしたお散歩にも行ける。靴下を履いたまま履けるのも、冷え込む山ではうれしいポイントだ。

おかげで今では、お気に入りの山サンダル。さすがに、これを便所サンダルだと思う人はいないだろうしね。（森）

12 | Teva［テバ］
オリジナル ユニバーサル

レディースモデル → 重量：148g（片足） 価格：¥5,800〜 問：デッカーズジャパン

こちらは2014年に発売されたホワイトマウンテニアリングとのダブルネームモデル。毎年どんな柄が出るか楽しみ。

これは2014年春夏のメンズモデル。

セッティング30秒、沸騰2分半！

〝軽さは正義！〟というコピーを、アウトドア雑誌で見た記憶があるけれど、操作がややこしい道具が嫌いな私にとっては〝手軽さこそ正義！〟かもしれない。そういう意味ではこのジェットボイルの手軽さは、一度使ったらクセになる。こと〝お湯を沸かす〟ということだけを考えたら、クッカーの中では最強だと思う。

ツマミを捻って着火するだけの簡単操作。約2分半で500㎖のお湯が沸く。あっという間とは、本当にこういうことだと思う。これはクッカーの底にあるフィン状のリングが、バーナーの熱を効率よく吸収するからなんだとか。ふむふむ。

燃費もすこぶる良く、通常のクッカーに比べると約半分。小さいほうのガス缶（100g）で大体12ℓのお湯が沸かせる。2泊3日程度のトレッキングなら、この小さい缶一個で事足りる。メカメカしい見た目だけれど、組み立てはいたってシンプルで機械オンチも心配無用だ。

「冬山ではコイツが最強なんだ」なんて言いながら、モノ好き男子がガソリンストーブをポンピングしてる。その間にコーヒーを飲み終えるほどの早技をやってのけるジェットボイルに私は軍配を。

テント場に着いたら、腰を下ろしてまず温かいものを一杯。ほっとできる時間を作ってくれる道具があれば、足取りはいっそう軽くなる。（小池）

13 | JET BOIL［ジェットボイル］
SOL チタニウム

重量：340g　容量：0.8ℓ　出力：1512 kcal/h　価格：¥19,000　問：モンベル

メカみたいに組み立てるのも楽しい。

苦しいときほど見たくなる時計。

山歩きをしない人に「いいですね。せせこましい時間から開放されるんでしょうね」とよく言われる。いやいやいや。山では街にいるときよりも確実に時計を見る回数が増える。午後3時くらいまでには宿泊地に着いていたいから、休憩のたびに地図と時計とにらめっこ。休憩のタイミングを決めるのも時計と相談だ。

それだけ頻繁に見る時計が、自分好みじゃないのは我慢ができない。だから、この時計を選んだ決め手はルックス。直径50㎜とやや大きめだが、メンズライクなモデルをあえて着けるのもいい。ザ・アウトドアウォッチ感のないシンプルなデザインもすてきだと思う。

気圧計、温度計、電子コンパスに加えて、急激な天候の変化を知らせてくれるアラームなど、アウトドアで役に立つ機能が満載されていて心強いのだけれど、じつはまだ全部は使いこなせていない。でも高度計だけは別。山では距離よりも高度差のほうがリアルだからだ。

自分の高度と目的地の高度の差がわかれば、あとどのくらい登りが続くのかがわかる。だからキツイ登りのときほど頻繁に時計を見る。そんなときに、でっかい顔で高度を知らせてくれるこの時計を見ると、応援されているような気分になる。もうちょっと頑張ってみようかな。そんな後押しを感じるのだ。(森)

14 | SUUNTO [スント]
コア・ライトグリーン

重量:63g　**防水**:3気圧(30m)　**価格**:¥37,000　**問**:スント

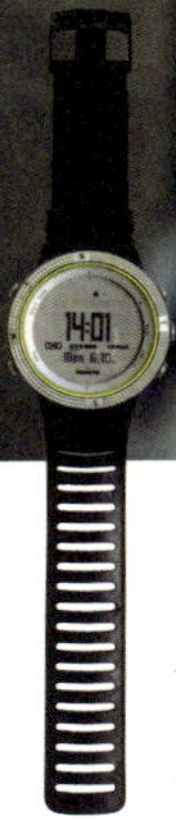

プチカスタムのストラップ。

文字盤が大きくて見やすいのもお気に入り。金属パーツを黒にしたくて、ストラップは片方だけオプションのものを装着。

山でも街でも自慢したい帽子。

山道具リストの中でも、帽子は結構上位に入ってくる。日よけという理由も大きいのだけれど、女子にとってはもうひとつ大事な役割がある。それは、ボサボサの頭にかぶせる〝フタ〟。

2泊以上のトレッキングになってくると、整髪料なんて贅沢品は真っ先に荷物から削除されるし、そもそも朝起きて、髪をいじくっている余裕なんてない。かといって、ボサボサの頭のまま歩き続けるのは、ヘアメイクという仕事柄ちょっとね……。そんなときは手っ取り早くフタをしてしまうのが一番。

愛用の帽子は、その通気性が最大のポイント。ゴアテックスの帽子なんかもあるけれど、山に吹く気持ちいい風までシャットアウトしてしまうのはもったいない。その点、このマニラ麻のキャップは、風が気持ちよく吹き抜けていく。

汗をかいたりして、ちょっとだけ帽子を脱ぎたいときには、キャップの後ろにあるカラビナでバックパックやパンツのベルトループにひっかけておく。ポケットやザックにしまう手間がなくて、しみじみよく考えられているなあと感心する。寝るときは、テントの上から吊るしておけばシワが付くこともない。

ころんと可愛い形と、服を選ばないベーシックなデザイン。街でも「いいね」と褒められる、自慢の帽子だ。（小池）

15 | and wander［アンドワンダー］
ブレードキャップ

価格：¥18,000　問：アンドワンダー

ツバは小さめで視界を遮らない。それていて、上手にラウンドさせてあるので、目の周りにきちんと日陰を作ってくれる。

デザイン心をくすぐる優秀プロダクト。

　キャンプなら、迷わず木のカトラリーを選ぶ。でもトレッキングとなると、そうも言っていられない事情が出てくる。例えばパッキング。折り畳んだりできない木のカトラリーは、パッキングの際の行き場に困る。小さな鍋の中にも入らないし、単品でしまっておくとすぐに行方不明に。さらに衛生面。山小屋やテント場では基本的に洗剤の使用は禁止。使い終わった食器はウェットティッシュなどで拭き取る。それも短期なら平気でも、3日続くとなると、やっぱり気になる。

　残るはプラスチックと金属の二択。プラスチックのカトラリーは舌触りが好みじゃないので却下。金属製でもアルミ製は金属臭がキツくて苦手。そうやっていくと、必然的にチタンに行き着いた。

　このカトラリーセットは、ヘッド部分がチタン製でイヤな金属臭がなく、シャリシャリした質感がいい。折り畳めば驚くほどコンパクトになって、コッヘルの中にスッキリと収まる。そして、収納ケースの作りがすごくいい。ザックなどに使われるストラップのパーツをそのまま転用していて、かつデザイン的にも優れている。細かい部分だけれど、純粋にプロダクトとして優れた点を見せられると、デザイナーという職業柄弱い。小さいものこそ職人のこだわりが見える山道具は、やっぱりかっこいい。（森）

16 | UNIFLAME ［ユニフレーム］
FD スプーン＆フォークセット チタン

重量：スプーン 18g　フォーク 17g　価格：¥1,852　問：新越ワークス

持ち手はステンレスで口に当たる部分はチタン。

真ん中からポッキリとフォールディング可能。

素材を有効活用した収納ケース。よくできてる！

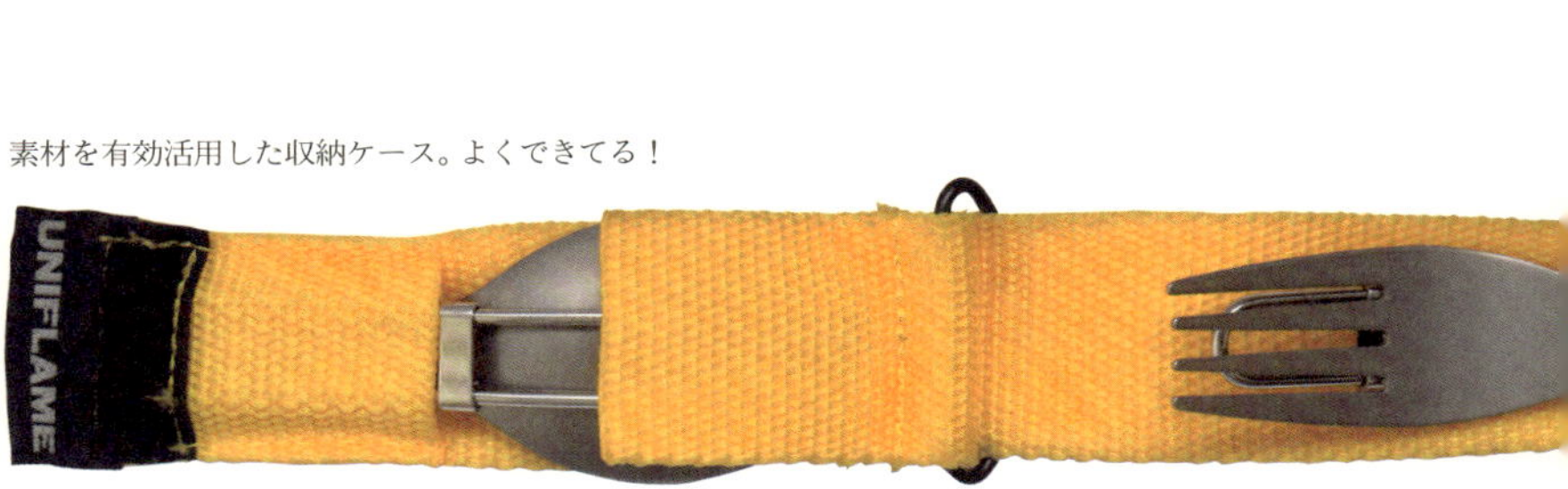

夏の海外遠征！
JMT《ジョン・ミューア・トレイル》日記

世界有数のロングトレイルに数えられる、アメリカ・カリフォルニア州のジョン・ミューア・トレイル。1週間の夏休みをとって、長い道のりを歩いてきました。

サンフランシスコの安モーテル。クイーンサイズの大きなベッドの上に、あふれんばかりの荷物がのっている。米やラーメンなどの食料から、テントや寝袋、日本の山歩きでは使ったことのない浄水器なんて珍しいものもある。果たしてこれらの荷物を4人のザックに詰められるのだろうか……。途方に暮れていた。

ジョン・ミューア・トレイルは、ヨセミテ国立公園から南東へ340kmも伸びるトレイル。世界中からハイカーが訪れる人気のトレイルで、夏には人数制限がかかるほどだ。ひとり20kgほどの荷物を担いで、毎日20km以上の道のりを歩く行程。苦しくないといったら嘘になるけれど、はじめて見る

アメリカのトレイルの美しさに、何度も歓声を上げた。
気持ち良さそうな場所を見つけたら、そこが今晩の寝床になる。川の水をくんで浄水して、枝を拾って焚き火をおこす。お米を炊いて、釣った魚を焼いて、ウイスキーをちょっとだけ飲んで眠る。すべてにおいて山や森、川を利用して生活すること。それがこれほどまでに清々しく、また骨が折れるのだということを知った。
日本の山では味わえない「自由」と「責任」。その経験は、自然のなかで知恵と技術を持つことの大切さを教えてくれた。それは「自立」という言葉にも置き換えられる。自然を知り、自分を知ること。それを身につけたなら、外遊びはきっともっと楽しくなる。(小林)

ＪＭＴは馬に乗って旅することもできる。トレイル上の馬糞に注意！

日本から持参したお米を炊く。夜はカレー、朝はおだしを入れて雑炊に。

みんなで「ヘブン」と呼んでいたキャンプ地。このあと地獄の峠越えが。

晴れた日は寝袋やウエアを干して乾燥させる。着替えは基本1着のみ。

流れが緩やかなところを見極めて、川を渡る。憧れの「徒渉」！

「死にそうになったときに」と森ちゃんが隠し持っていた林檎に歓喜。

ヨセミテの松ぼっくりは巨大。木も岩も空も、すべてが大きかった。

夜寝る前、その日の行程やコースタイムを確認。それぞれ日記タイム。

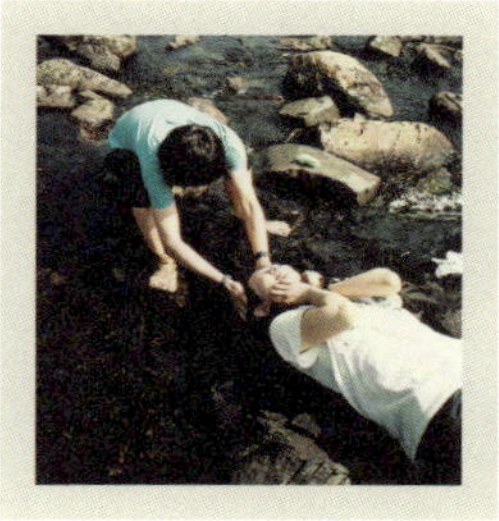

元美容師の瑠美子ちゃんによるワイルド洗髪。〝サロン・ド・ルミコ〟。

シエラネバダのふところへ。ウィルダネスという言葉の意味を体感。

1週間の山旅の後、速攻でポテチとコーラを買いに走った森ちゃん。

西海岸を車で旅しながら、何度も通ったブラックベア・ダイナー。

ホシガラスの会員はみんな〝水筒持ち〟。水筒なんてひとつあれば事足りるのに、見るたびにみんな違う水筒を持っています。思えば、外遊びの道具は「一生もの」ばかり。そんななか、安くて、そこまで高性能を求める必要のない水筒は、雑貨感覚で買い替えられる、唯一のお手軽アイテムなのかもしれません。

定番中の定番はナルゲンボトル(4)、(5)、(10)、(11)、(12)。良質のプラスチック製で強度が高く、匂い移り、液漏れもナシ。容量や形のバリエーションが豊富なこともあって、みんな個性的なモデルを持っています。外国のアウトドアショップや雑貨店でオリジナルロゴが入ったナルゲンを見つけたら買う。それが暗黙の了解のようになっています。

(1)、(3)、(8)などのアルミやステン

好きすぎて、増えすぎて… みんなの〝山〟水筒。

(1) パリで買ったアルミ製

(2) サーモスの保温ポット

(3) ポートランドで発見！

(4) アラスカでゲット

(5) カナダのステッカー付き

レスボトルは、どこかレトロな雰囲気。(2)、(6)のような保温ポットはシンプルなデザインのものが多いので、好きなステッカーを貼ってカスタマイズするのが定番です。ウイスキーや焼酎などのお酒類はさすがに匂い移りが心配なので、専用のスキットル(9)に入れます。

今回水筒を披露し合ったのですが、一番人気だったのは金子さんがポートランドで買ったというミリタリー風アルミボトル(3)。さすがスタイリストのセレクトです！

(12)

光るナルゲン!!

(11)

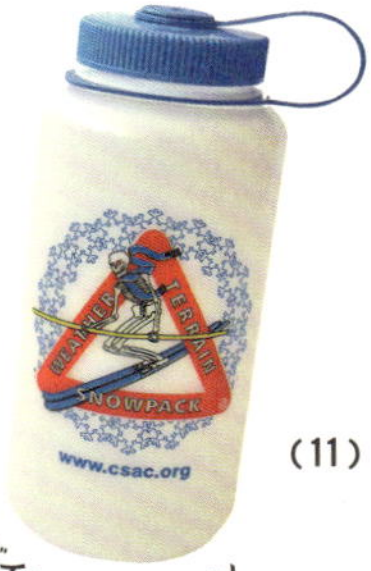

ガイコツのナルゲン

(10)

ポートランドの書店オリジナル

(9)

スタンレーのスキットル

(7)

ヨセミテで購入

(6)

アメリカの保温ポット

(8)

クリーンカンティーン

MOUNTAINEERING

金子　夏子
野川かさね　の一生もの
小林百合子

3人一緒に山を歩いていると、「大学山岳部かい?」と言われることがある。その理由が3人そろいのゴローの登山靴。時期違いでオーダーしたものだけれど、何年も履き続けて、みんな渋くいい味が出てきた。「いえいえ、もういい歳ですから」と照れつつも、初心者の頃から一緒に成長してきた靴と自分を褒められたようで、内心少しうれしい。

スタイリストと写真家と編集者。妙に馬が合ったのは、理由なく人に合わせるということをしないからだと思う。道具選びも同じで、「誰かがイイといったから」「使いやすいと聞いたから」。それはけっして一番じゃない。たとえば、超軽量でイイというテント。でも、少々重くとも広々過ごせたほうがいい。たとえばダウン。すごく暖かいと言われても、形がきれいなほうがいい。だれかの「快適」や「便利」は必ずしも自分にとってのそれではない。そんなふうに考えている。

自分の経験から、自分にとっての「いいもの」を見つけていくのが信条。だから3人同じものを選ぶことは多くない。でもその山道具の多くが、どこか佇まいが似てきたのは、同じように山での試行錯誤を繰り返してきたからかもしれない。ゴローの靴は3人おそろいの数少ない山道具。だからいっそう、褒められるとうれしくなってしまうのだ。

3人で何度となく歩いている北八ヶ岳。渋の湯から入って
黒百合ヒュッテに宿泊。天狗岳を越えて、しらびそ小屋へとゆっくり下る。

テントに〝ひと目惚れ〟するなんて。

テントはもう持っている。ほんの2年前に新調したばかりだし、不具合だって全然ない。それなのに、それなのに……。とある展示会で見つけた、ちょっと渋いグリーンのテント。モノフレームのシンプルな構造でも、どこか洗練された雰囲気だと思ったら、デンマーク製だという。極め付きはブランドロゴのシロクマ！ ああ、なんてかっこいいんだろう……。テントにひと目惚れする日が来るなんてと思いつつ、すぐさま購入してしまった。

山の道具は機能性が命だと、これまでの経験から身にしみて知っている。それでもスタイリストという職業柄、デザインの美しさや佇まいのかっこよさも同じくらい大切にしたい。もしそのどちらかに重点を置いてしまったら、きっと長く、愛着をもって付き合ってはいけない。それは山の道具も日用品も服も、同じだ。

直感で手に入れたテントはその夏、涸沢から北穂高岳を経て奥穂高岳、また涸沢へ。穂高連峰をぐるりと歩く、3泊4日のラウンド縦走の家となった。カーボンのモノフレームだけあって軽く、テント泊装備を背負っての岩稜歩きもちっとも苦にならない。広々とした前室はちょっとした玄関のようで、荷物の整理もすこぶる楽だった。そして何より、その惚れ惚れとする佇まいの美しさに、毎度、毎度、胸が躍るのだった。（金子）

1 | NORDISK ［ノルディスク］
テレマーク 2 LW

重量：950g　サイズ：W235 × D106 × H180cm（使用時）　価格：¥92,000　問：ノルディスクジャパン

広々とした前室は立派な玄関になる。

ふたり用でこのコンパクトさ！

自分の成長を〝物語る〟登山靴。

山を歩いていると、人の足元が気になる。とくにベテラン風情のおじさんたちが、「学生時代から履いてますけど」と言わんばかりの立派な登山靴を履いていたりすると、心底かっこいいなと思う。

靴好きの夫の助言もあって、ある頃から革靴を大切に扱うようになった。ローファーやブーツは丁寧に磨いて、ソールを張り替えて、自分の足になじむよう育てていく。だんだんいい表情になってくる靴を見るのは、すごく楽しい。

そんな靴好きの欲求を山靴でも満たしてくれたのが「ゴロー」さん。巣鴨に店を構える登山靴専門店で、お願いすれば足型をとって、オーダーメイドの登山靴を作ってくれる。ソールの張り替えも微妙な不具合の調整も可能。大切に手入れすれば10年なんてへっちゃらという。

私がオーダーしたのは、片足720gの軽登山靴。左右の足の微妙なサイズの違いを反映してもらったり、ソールにクッションを足してもらったり、足の悩みを解消してくれたのはもちろん、山靴を手入れする楽しみを与えてもらった。

今年で10年目を迎える登山靴は、あちこちに小さな傷があるけれど、これは穂高、あれは八ヶ岳。ブラシをかけるたびに山の思い出がよみがえる。それは私固有の山の記録。成長の過程を〝物語って〟くれる、特別な山の靴なのだ。(金子)

2 | goro [ゴロー]
ブーティエル

重量:720g(片足/25.5㎝) 価格:¥34,000 問:ゴロー

10年経って、堂々とした佇まいになってきた。

「ゴローさん」の愛称で親しまれている店主の森本勇夫さん。弟子たちとともに毎日工房に立つ。登山靴ひとすじ60年！

やっと見つけた、山のふかふか布団。

テント泊で好きな時間はと聞かれたら、「寝る時間」と答える。それくらい睡眠を大切にしたいと思っているのに、なかなか理想の寝具に巡り会えずにいた。

初代はパタパタと折り畳んで収納できるウレタンマット。適度な厚みと弾力があって撤収も早いのだが、かさばるのが難点。ならばと新調したのが、息で膨らませるエアマット。コンパクトに収納できる点はいいけれど、ちょっとふかふか感が足りないんだなあ……。

マット難民に陥ること数年。エベレスト登山のベースキャンプ（5300m）を目指すトレッキング旅行で、思いがけない出合いがあった。ガイドが使っていた〝手で膨らませる〟エアマット。空気口にポンプがあり、手でしゅぽしゅぽ押すと、空気が入る。「酸素が薄い高所では、息を吹き込むのが辛いから」とは納得の理由。跳ね返りがあるほどの弾力で、マット内部に配されたダウンが保温性を高めている。これは……、欲しい！

カトマンズへ下山し、すぐに登山用品店で同じマットを買い求めた。冷静になって見てみると、収納サイズや重さも許容範囲だし、黒を使ったデザインもシックでいい。そんなわけで、長年のマット難民から脱し、すこぶる快適な眠りを得た。何にも変えられない楽しみのためには、妥協は禁物なのである。（金子）

3 | **EXPED［エクスペド］**
ダウンマット 9 M

重量：960g　サイズ：W52 × H183cm（使用時）　価格：¥25,500　問：アクシーズクイン手のひらマークに合わせて、しゅぽしゅぽ押せば３分ほどで空気が入る。

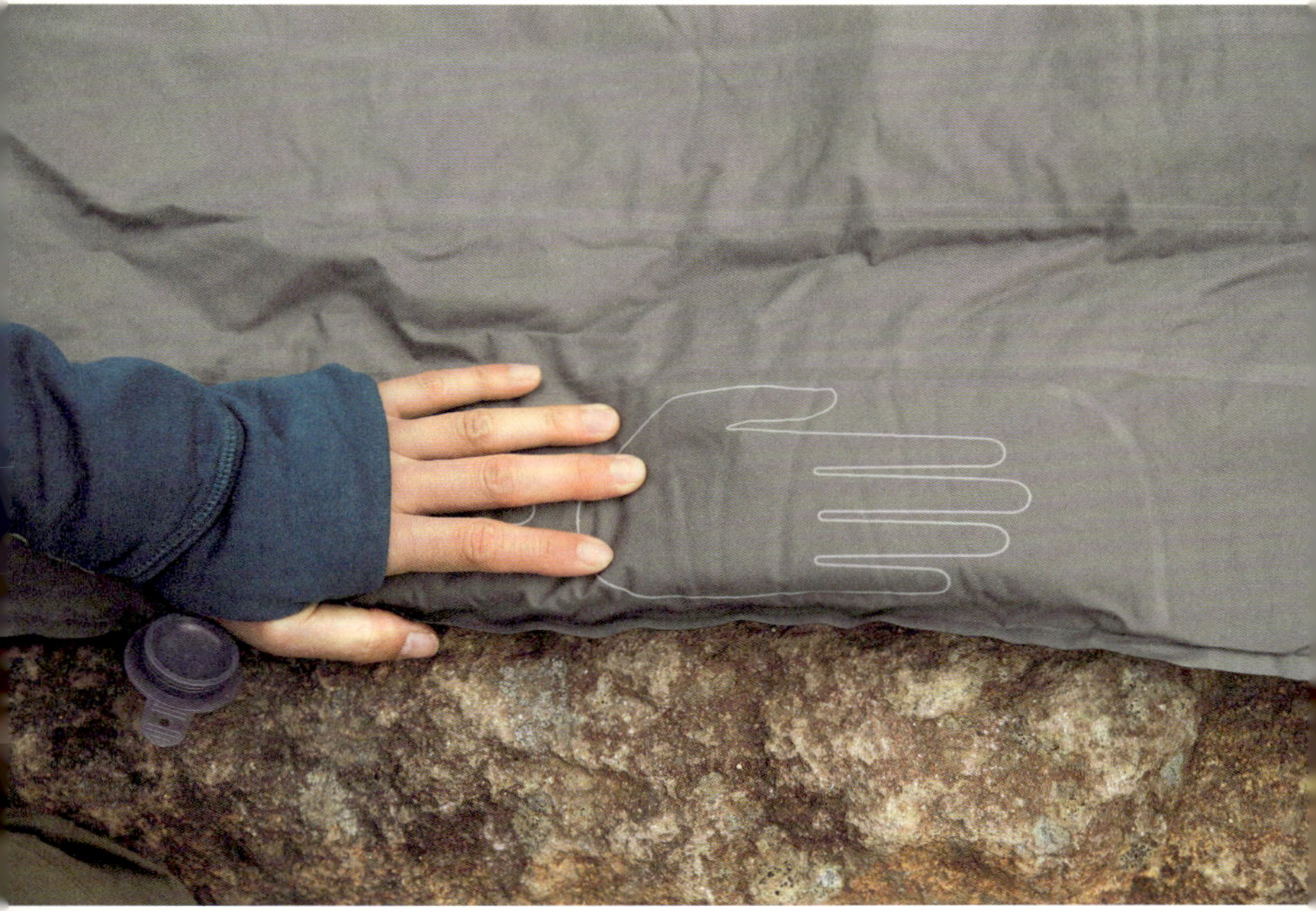

ぱんぱんに膨らませると体がバウンドするほどの弾力。
ほどほどに空気を入れると、ふんわりした寝心地。

極寒の夜が、待ち遠しい。

山の夜。誰かと同じテントで眠っていると、視線を感じる。「暖かそうな寝袋ですね……」。それは、熱い羨望のまなざし。

これでもかというほどダウンが詰まったシュラフは、見た目にたがわず暖かい。首回りにはダウンの襟巻きが配置されていて、フードをかぶると目と鼻以外はポカポカ。表地は防風性に優れたウインドストッパー生地で、しっかりと冷気を遮断してくれる。氷点下になる冬山の夜でも、寒さというものを感じない。

唯一の難点は10万超のお値段。さすがにひるんだけれど、そもそもいいシュラフを買おうと思ったのは、冬のグランドキャニオンをボートで旅するためだった。朝夕の気温は氷点下。もし暖かくない寝袋だったら3週間、凍える夜を過ごすことになる。生命にだって関わる。

「標高2000m以上で4シーズン使えるシュラフ」という条件を満たしたメーカーの中から、収納時の小ささ、軽さ、さらに色と形が美しいものを選んだ。10万円以上もする買い物だ。性能が同じなら、デザインがきれいなほうが絶対にいい。

高いものだからこそ、後悔するわけにはいかない。そのなみなみならぬ気合いのおかげか、購入以来、寒くて惨めな思いをしたことはない。それどころか、ふかふかのシュラフに潜り込む幸せな夜を、心待ちにするほどである。(野川)

4 | WESTERN MOUNTAINEERING [ウエスタン マウンテニアリング]
リンクス ゴア ウィンドストッパー

重量：1.5kg　ダウン量：850g　フィルパワー：850FP　価格：¥108,000(5'6")　問：ロストアロー

かっこいい（でも、ごくさりげなく）ロゴマークがついているところも、じつは好き。

作り手から届く本当の〝暖かさ〟。

野川さんの高級寝袋に、毎度じっとりした眼差しを送っていたのは、私です。私の寝袋はもう寿命なのか、ぺらっぺらで、ちっとも暖かくない。でも、どうしたって財布にダメージを与えるダウンシュラフの新調を長年ためらっていた。

そんなとき、雑誌の取材で国内唯一のダウンシュラフメーカー、ナンガの工場を訪れる機会があった。工場に入ると、空気のなかに、ふわふわ〜っと真っ白なダウンが舞っていた。そのダウンの繊細さ、やわらかさに、しばし見とれた。

ナンガのシュラフに使われているのは、ポーランド産のグースやダックのダウン。大自然の中のびのびと育った鳥の毛が使われている。大切に採取された羽毛を、今度はナンガのスタッフが手作業で詰める。なんという丁寧な仕事！

価格の面でいえば、シュラフは一生ものであってしかるべきだ。だからこそ、心からいいと思える商品を買いたい。そこには作り手の思いや、もの作りに対する姿勢が含まれて当然だ。あれほど渋っていたシュラフ購入を即決できたのは、ナンガの工場でそれを実感したからだ。

これまで憂鬱だったテント泊の夜が、今ではほっとできる時間に変わった。ナンガのおばちゃんがせっせと詰めてくれたダウン。あの姿を思い出すたび、暖かく、幸せな気持ちに包まれるのだ。（小林）

5 | NANGA［ナンガ］
オーロラライト 600DX

重量：1.05 kg　ダウン量：600g　フィルパワー：760FP　価格：¥44,000　問：ナンガ

収納袋から出すと、ひとりでにふわーっと膨らむ。これぞ良質ダウンの証。

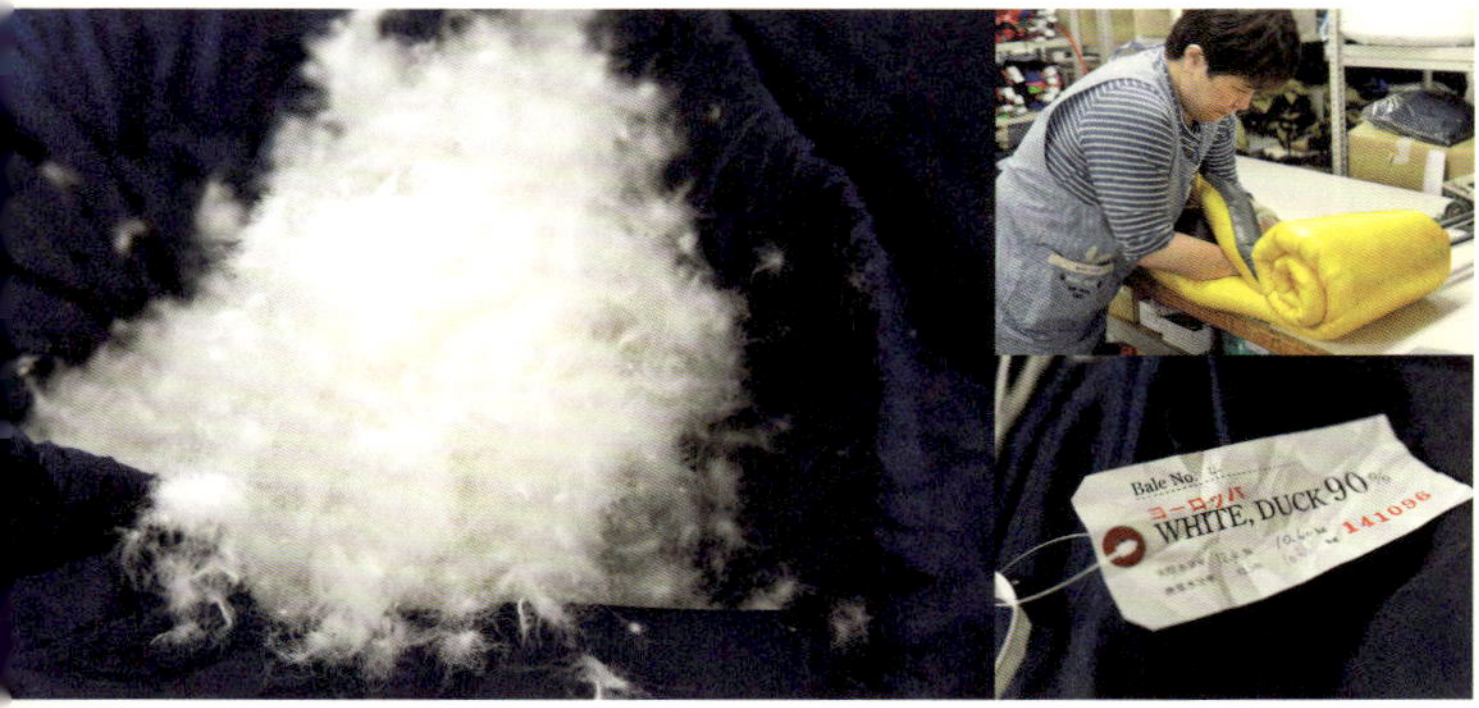

ナンガの工場で見せてもらったダウン。ひとつひとつ手作業で詰められていく。

大家族を支える、肝っ玉鍋。

ホシガラス山岳会のテント泊は「山岳部スタイル」（☞148頁参照）。テントや調理器具など共有できる装備は分け合って使うという共同装備が基本だ。

食事当番の私は、鍋釜関係における一切の責任を負う。つまり、おいしい米が炊けるかどうかは私の技術と鍋の品質にかかっている。ともあれ重い羽釜を担いで登るわけにはいかない。軽くてかさばらず、衛生的で調理上手な鍋。正直、そんな都合のいい野外用鍋はない。アルミは軽いが衝撃に弱く、鉄は調理上手だが重い。チタンは軽いが佇まいが冷たい。

ホシガラスの台所を支えるステンレス鍋は、チタンやアルミに比べると重いが丈夫である。錆に強く、濡れたまま放置しても大丈夫。汚れもさっと拭くだけで落ちる。調理に関しては、熱伝導が悪くムラがあり、気を抜くと焦げつく。そのかわり保温性が高く、冷めにくい。

一長一短が否めない鍋レースでステンレス鍋が勝利した決め手は、その調理道具然とした美しさと、取り外して使える取っ手（やっとこ）。あじけない山の調理器具のなかで、どこか肝っ玉母さんを感じさせるその佇まいに軍配が上がった。

少々適当に扱っても、いつもピカピカ。さあ、ごはんを作りますよという気持ちを高めてくれる台所用品は、山でも家でも同じくらい大切な道具だ。（小林）

6 | **MSR［エム エス アール］**
アルパイン 2 ポットセット

重量：604g　サイズ：鍋(大)φ18.3 × H8.5cm　価格：¥6,500　問：モチヅキ

カレーなら５人前は余裕で作れるサイズ。ごはんを炊けばおこげも！

やっとこ

鍋×２個

フタ

冬も夏も、ウールが大好き！

山でのウールデビューは靴下から。汗をかいてもムレず、肌触りのいいメリノウールを使ったスマートウールのソックスは、山を始めたころから愛用していた。ベースレイヤー（肌着）にウールを着たのは冬山登山がはじめて。単に暖かさを求めて選んだところ、化繊とは比べものにならない肌触りの良さに驚いた。汗をかいても冷え戻りしないし、臭いも気にならない。ウールってすごい！

それ以来、真夏以外の肌着（タイツなどのボトムスも）はもっぱらスマートウール。機能はもちろん、アウトドアウエアでは珍しく、控えめなロゴやシンプルなデザインや色も使いやすい。（金子）

同じ「ウール命」同盟でもスマートウール派の金子さんに対して、私はアイスブレーカー派。同じくメリノウール100％の製品だが、Tシャツやカットソーのデザイン・色が豊富なので、夏場の山ではずっとアイスブレーカーのTシャツで過ごす（同じモデルを色違いで大人買い）。メリノウールのスゴさを実感したのは5泊6日でアメリカのトレイルを歩いたとき。テントや食料などの荷物が重すぎて、着替えは本当の予備以外に一切ナシ。真夏ということもあって、どうなるかと思っていたけれど、最後の最後までTシャツが臭うことはなかった。ウールって本当にスゴイ！（小林）

7 | icebreaker ［アイスブレーカー］
ハーモニー ショートスリーブ V

重量：150g　素材：メリノウール 100％　価格：参考商品　問：ゴールドウイン

8 | Smartwool ［スマートウール］
NTS マイクロ 150 ボトム

重量：132g　素材：メリノウール 100％　価格：¥8,000　問：ロストアロー

【金子おすすめ】
スマートウール

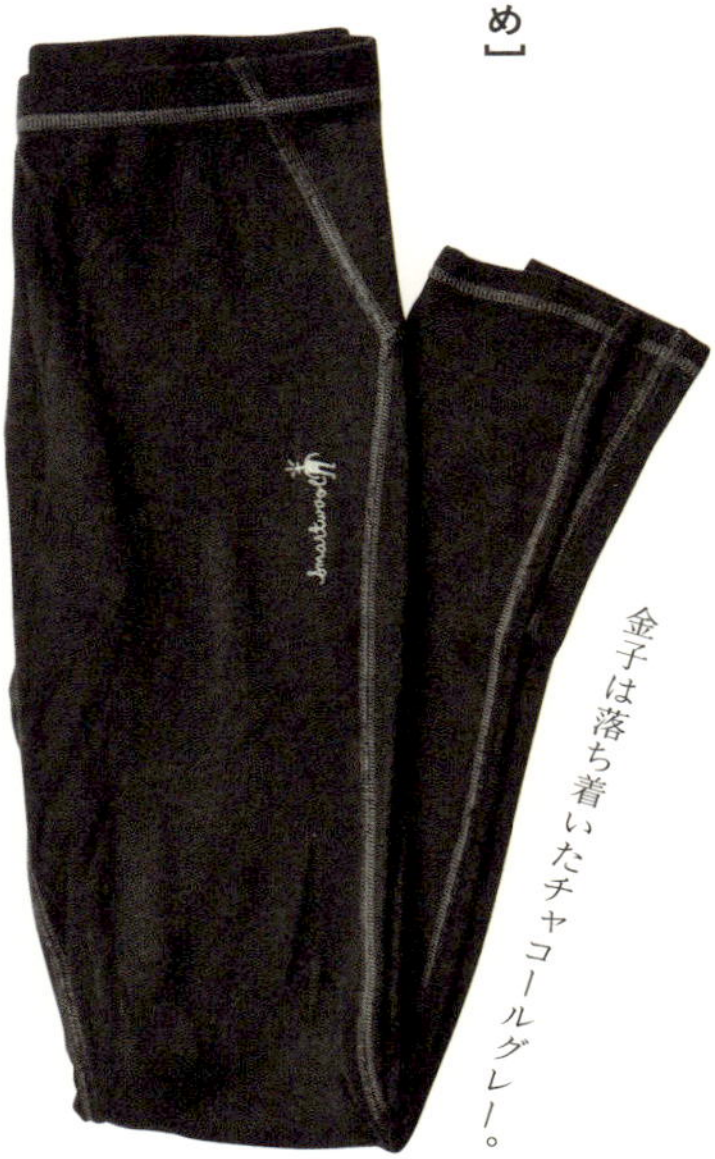

金子は落ち着いたチャコールグレー。

かわいいスマートウール君。

【小林おすすめ】
アイスブレーカー

小林はカジュアルな霜降りグレー。

ありがとう、メリノウール君！

永遠の〝フリース派〟へ捧ぐ。

ダウンジャケットが苦手だ。軽くて暖かいのは知っていても、あのテカテカした質感、シャカシャカした肌触りがだめで、もっぱらフリース派。ダウンの数倍はかさばるけれど、あの包み込まれるような安心感には代えられない。なかでも、フーディニのフリースを着たときの感動は忘れられない。表は毛足のない滑らかなフリース地（毛玉などとは無縁）、裏はやわらかな毛布のよう。なんて気持ちのいいフリースなんだろう。経験したことのない着心地に驚かされた。

　フーディニはスウェーデンのアウトドアブランド。冬場はバックカントリースキーを意識したウエア作りをしているとあって、フードの襟はたっぷり高く、袖には手の甲まで覆うサムホールつき。暖かさはもちろん、デザインとしても美しい。重ね着を考慮したタイトなシルエットはダボつかず、すっきり。かといってフェミニンさを強調しすぎるウエストシェイプなどが控えめなのがいい。微妙なニュアンスとやさしさのある発色は、女性デザイナーならではだと思う。

　寒くて暗い早朝の山でも、これを羽織るとほっと落ち着く。何度でも触りたくなる気持ちのいい生地、きれいなシルエットや色。すべてが気に入っているフリースがあれば、寒さもそう悪くないと思えてくるからすごい。（金子）

9 | HOUDINI ［フーディニ］
パワー フーディ

レディースモデル → 価格：¥28,000　問：フルマークス

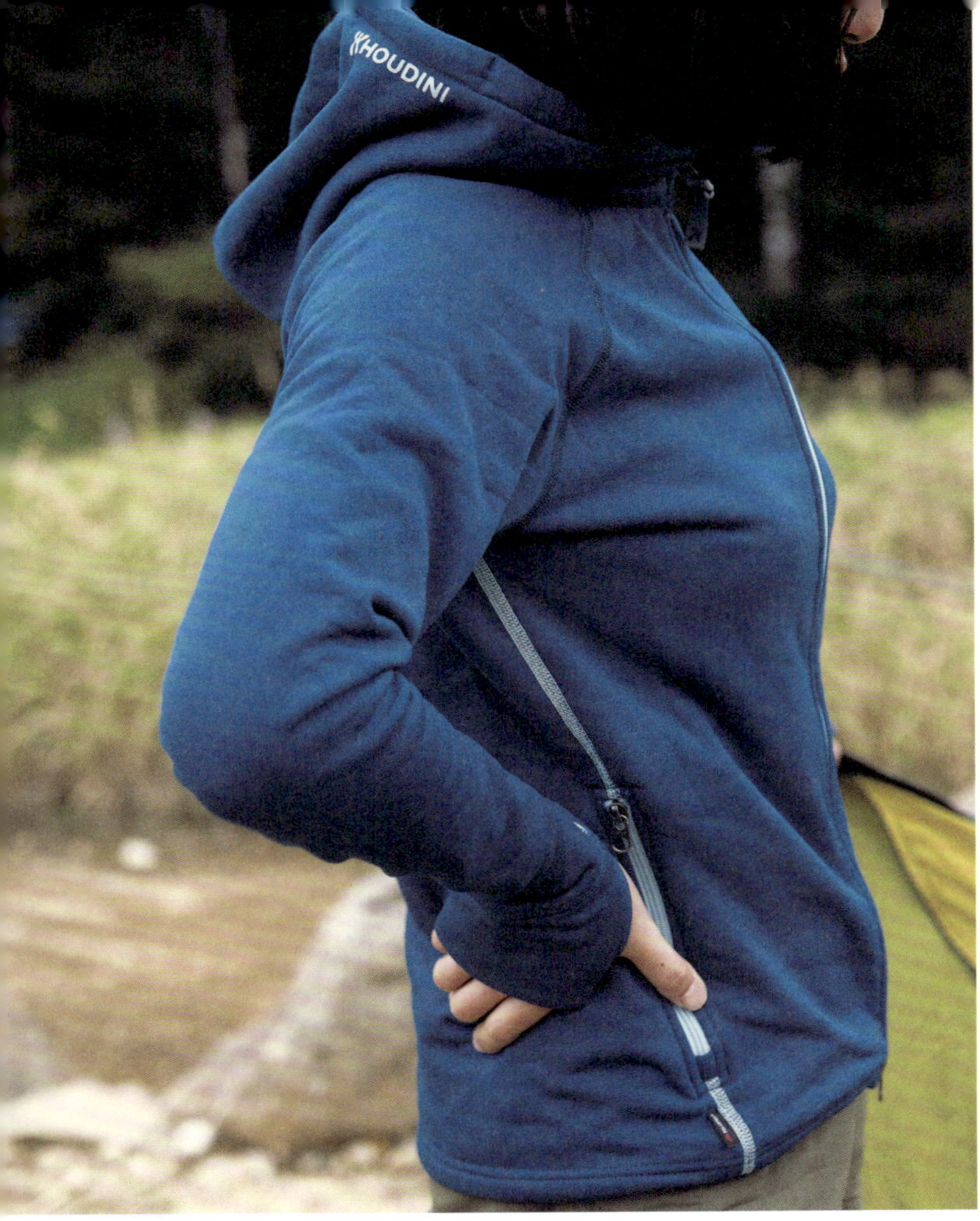

ぴったりでも、ダボッでもないジャストフィットなシルエット。

浮気の許されない靴下選び。

山道具の中で、浮気の許されないものがあるとしたら、それは靴下だと思う。靴擦れは靴が足に合っていないからだと思いがちだけれど、じつは靴下が靴に合っていないということもあると知ったのは、ゴローで靴を作ってもらったときだ。「いつも履いてる登山用ソックスを持ってきてね」と言われて、パイネの中厚手靴下を持参した。きついところはない？つま先で靴下がもたついてない？などなど、靴の微調整は私の靴下に合わせて行われた。「靴下を浮気したら靴が合わなくなるから」とゴローさん。そうか、私はこの靴と靴下と、この先ずっと一緒なのだ。そう、小さな覚悟をした。

パイネはICI石井スポーツのオリジナルブランド。薄手から極厚手までさまざまな種類のなかで、防縮ウールパイルを愛用している。密度の高いパイル編みで、何度洗濯してもヘタりやヨレがなく、クッション性も衰えない。きゅっと足に密着して、足と靴下の間に空間ができない（隙間があるとこすれて痛くなる）。ウールと化繊7対3の混紡で、肌触りはやさしく、汗をかいてもさらりとしている。

何よりすばらしいのは、10年間モデルチェンジがないこと。それは老舗メーカーの強みとしか言いようがない。ここ10年浮気はなし。一筋でいれば、理不尽に傷つけられることはないのだ。（野川）

10 | PAINE［パイネ］
防縮ウールソックス

素材：ウール70%、ナイロン25%、ポリウレタン5%　価格：¥2,286　問：ICI石井スポーツ登山本店

山岳部みたいな真面目さがいい。

ロゴもちょっとレトロでいい感じ。

いつも〝しゃっきり〟。崩れ知らずのザック。

はじめてテントを担いで北アルプスに登ったのは、登山歴3年目の夏だった。60ℓという、初の大型ザックだったけれど、試着に試着を重ねて買ったおかげか、肩も腰も痛くならなかった。少しの違和感が大きな痛みやストレスになる大型ザックは、実際に背負ってみたら体に合わなかったということが少なくない。そう思えば、初ザックは上々の相性だった。

でも、ひとつだけ違和感があった。それは〝佇まい〟。体に合っただけでも奇跡的なのだから、見た目なんて……と言われるかもしれないが、背負えば背負うほど、気になる。きれいにパッキングしたつもりでも、ぼてっとなってしまうその姿に、いつも悲しい気持ちになった。

数年後に巡り合った〝きれいな佇まい〟のザックがこれ。アズテックというキャンバス地を思わせる厚手の生地を使ったザック。2kg以上ある重量級だが、その分どっしりしている。空の状態でもきれいな形をしていて、無造作にパッキングをしてもしゅっと自立する。

登山前夜、大急ぎで荷物を詰め、朝おきる。玄関先にしゃきっと立っているこのザックを見る瞬間が好きだ。いつも背筋をのばしていたい。その気持ちは街でも山でも変わらない。マックパックはそんな想いをかなえてくれた、見ても背負っても気持ちのいいザックだ。（小林）

11 | macpac［マックパック］エスプリ 65FL

重量：2.6kg（W2）　容量：65ℓ（W2）　価格：¥40,000　問：ゴールドウイン

マックパックは1973年創業。19歳の登山好き青年が自宅倉庫で自作したザックからスタートした。

どれだけ雑に荷物を放り込んでも、このとおり。いつも涼しい顔で背筋をのばして出番を待っている。

お守りにもなる極小ストーブ。

登山を始めた頃は、日帰りか山小屋泊だけで、テントを担いで山を歩くことになるなんて考えてもみなかった。ただ、山頂でコーヒーを飲んだり、ちょっとおままごと的なこともしてみたい。そう思って、小さなストーブを探していた。

どんなものを買うときも、一度はプロの意見を聞いてみる。そのときも登山用品店で、いろいろなストーブを見せてもらった。山行スタイルや、その道具を使ってやりたいことを具体的に伝える（それが間違いの少ない道具選びのルール）。で、すすめてもらったのがこれだった。

当時のラインナップの中で最もコンパクトで、火力が強いタイプ。愛用のひとり用コッヘルセットの中にも収納できる。自動着火装置付きで、火力を調節するツマミが大きく、微妙な調整ができる。ひとつひとつの条件をチェックして、納得。われながらいい買物だったなと思う。

それから10年。ずいぶんたくましい山女に成長してしまい、テント泊で何日も山に入るようになった。長い山行では共同装備が主で、小さなストーブは必須ではなくなった。でも「何かあったときのために」と、じつは常にコッヘルの中に忍ばせてある。それもこの小ささゆえ。十分に納得して買った道具は、時間が経っても、山行スタイルが変わっても、けっして無用なものにはならない。（野川）

12 | snow peak ［スノーピーク］ ギガパワーストーブ "地" オート

重量：105.5g　価格：¥5,900　問：スノーピーク

火力調節用のツマミが長いので、はじめてストーブを使う人でも怖くないのがいい。山頂でラーメンを作って食べるのが定番。

手のひらにすっぽり収まるほどの小ささ。

これぞ〃用の美〃、山ノート。

自他ともに認める「記録魔」。山を始める前から、旅行に行くにも、何かちょっとした計画を立てるにも、専用ノートを作ってメモに精を出す少女だった。

登山を始めたときも、まず山用のノートを作ろうと思った。それまで旅行用にはCampusのミニノートを愛用していたけれど、濡れると破れてしまいそうだ。雨に強くて、立ったままでも書きやすいノートはないものか。

測量野帳は、もともと測量技師が使うために開発された屋外作業用のノート。立ったままでもしっかり筆記できるよう、表と裏表紙に厚く硬い紙が使われている。これなら少々の雨に濡れても大丈夫そう。作業着の胸ポケットにすっぽり入るよう設計された縦長のデザインは、ザックの雨蓋にぴったり入るサイズだ。発売以来、50年以上デザインが変わっていないという堅実さも、好感が持てる。

山ノートとしてのあらゆるツボを押さえた測量野帳は申し分のない使い勝手の良さで、気づけば10年も使い続けている。だいたい1年に1冊のペースで使い切るので、ノートの数が自分の登山歴。読み返すのは、以前登った山を再訪するときがほとんどだけれど、当時食べた食事のメニューや、歩行時間、天気。何気ない記録の中にこそ、思い出が残っていることに気づかされるのだった。(野川)

13 | KOKUYO［コクヨ］
測量野帳

ページ数：80ページ　価格：¥180　問：コクヨお客様相談室

箔押しで名前を刻印していた時期もある。

6:00起床→7:00出発→10:00山頂。
行動記録も忘れずにメモ。

整頓が好きになる、カラフルバッグ。

幼い頃、〝出したら出しっ放し病〟にかかっていた私に、母が〝色分け整頓ボックス〟を作ってくれた。赤は人形、黄はミニカー、青は楽器。おもちゃをパズルのようにして片付けていくのが楽しく、いつの間にか整理整頓が好きになった。

登山を始めたら、また〝出しっ放し病〟が再発した。テント場についてザックの荷物をぶちまけたら、二度と元に戻せない。日が落ちたら何がどこにあるのか全然わからず、右往左往する。イライライライライラ……。自業自得である。

かたや野川さんと金子さんは整頓上手。いつもさっと必要なものを取り出して、私だけがあたふたしている。見ると、ふたりとも色と大きさが違うスタッフバッグに、使うシーン別の荷物を入れている。着替えは紫（大）、防寒小物は黄色（中）、下山後のお風呂セットはオレンジ（小）といったふうに。鮮やかな発色のバッグは周囲が暗くても識別しやすく、薄暗い山小屋でもすぐに見つかる。

滑りのいいシルナイロン製のバッグは、ぎゅうぎゅうのザックにもするりと入り、取り出すときは上部についた取っ手をぐいと引っ張ればいい。移動時は取っ手を持ってぶらぶらと歩ける。なんとまあ使い勝手のいいことよ。今では3人、オレンジ（小）を携えて下山後の温泉へ向かうのが定番になっている。（小林）

14 | GRANITE GEAR ［グラナイトギア］
エアジップサック

重量：XXS 28g XS 34g S 39g 容量：XXS 5ℓ XS 9ℓ S 12ℓ
価格：XXS ¥1,800 XS ¥2,000 S ¥2,200 問：ヴァーテックス

滑らかな手触りのシルナイロンは、レジ袋のようなシャカシャカ音が出ない。夕方から眠りにつく人が多い山小屋でも迷惑にならない。

雨でも晴れでも、イライラ知らず。

どんな山行でも、必ずザックに入れておかなければいけないものがある。それはレインウエアとザックカバー。快晴でも、山の天気は変わる。万が一雨に降られたら、命に関わることだってある。だから、雨を防ぐふたつの道具は、お守りだと思って持って行けと言われる。

百歩譲ってレインウエアは防寒具にもなるからいい。でもザックカバーはザックを雨から守る以外に使い道がない。快晴の日には怒りにも似た気持ちを覚える。

その積年のイライラを解消してくれたのが極薄シルナイロンを使ったザックカバー。一般的に60〜70ℓザック用のザックカバーがソフトボール2個分くらいだとしたら、これはその半分ほど。雨蓋やサイドポケットに入れても全然気にならない大きさがすばらしい。

シルナイロンは強度が高く、枝のひっかかりや、岩との摩擦があっても引き裂かれにくい。そして一番はその滑りの良さ。ほとんどの商品が親の敵のように小さ過ぎる収納袋をつけているため、使用後のザックカバーを収納する際はイライラする。その点シルナイロンは、極小収納袋にもするするーっとしまえてストレスというものがない。持って行くイライラと、片付けるイライラ。ザックカバーにおける2大イライラを解消したシートゥサミットに、心からの拍手を！（小林）

15 | SEATOSUMMIT ［シートゥサミット］
ウルトラシルパックカバー

重量：113g（M）　容量：50〜70ℓ（M）　価格：¥3,500　問：キャラバン

青や黄色などは鮮やか、灰色やえんじ色などはシック。カラーが豊富なのもうれしいところ。

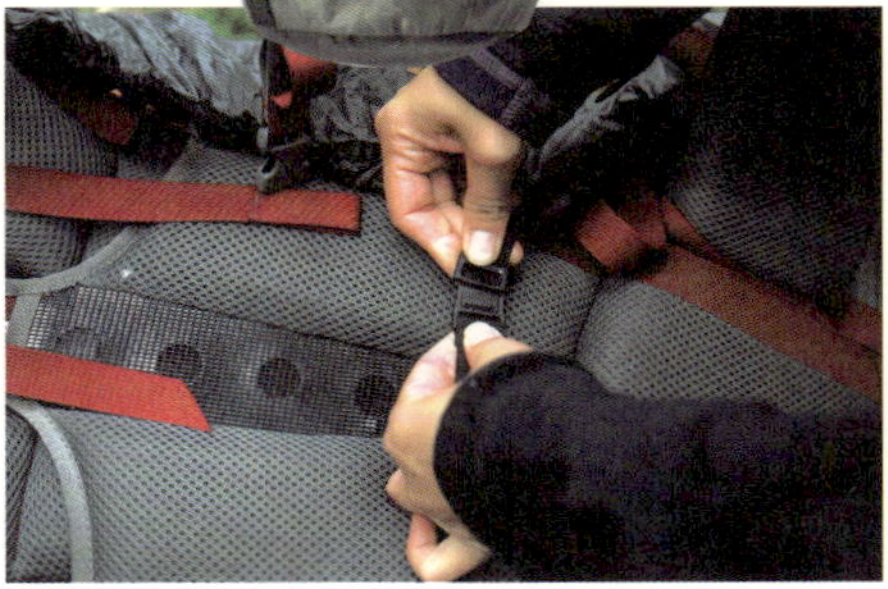

ザックにかぶせて、背面で留めるだけ。わずらわしい雨の日に使うものは、手軽なものがいい。

登山のための〝山専用〟水筒。

どれだけ機能が優れていても、気に入らないデザインのものは使いたくない。そう思って道具を選んできたが、一度だけその信条を打ち破られたことがある。

サーモスの通称「山専ボトル」は、秋冬の登山に特化して作られたステンレスボトル。6時間後でも80℃をキープするという圧倒的な保温力をはじめ、手袋をしたままでも開閉できる滑り止めリングや、落下による衝撃を吸収する底カバーなど、すばらしい機能が搭載されている。が、どうしても男っぽすぎるデザインが気に入らない。最後の一歩が踏み出せずに、迷ったままひと冬を越した。

翌年、はじめて厳冬期の八ヶ岳に登ることになった。ピッケルや冬靴など、冬山装備をそろえるなかで、ふと水筒のことが頭をよぎった。そういえば、同行ガイドが冬山は空気が乾燥しているから思った以上にのどが乾くと忠告していた。行動中、もしお湯が冷たくなっていたらどうしよう。そもそも今持っている500㎖のボトルで足りるのだろうか。

ただでさえ怖いのに、不安を背負って登るのはよくない。今度は迷わず900㎖の山専ボトルを買った。氷点下のなかの登山。寒く、緊張の切れない時間のなかでも、途中途中で飲む熱い紅茶に心がほぐれた。命に関わる道具選びには、ときに決断が必要なのだと知った。（野川）

16 | THERMOS［サーモス］
山専ボトル 0.9ℓ

重量：390g（M）　容量：900mℓ　価格：¥7,020　問：サーモスお客様相談室

黄色いリングが滑り止め。手袋をしていても滑らない。

"マイ・山ナイフ"は、一人前の証。

ド文化系のオリーブ少女だった自分がひょんなことから山を始めて数年。当初は、本当にこんな方向へ向かっていいのだろうかと自問自答していた。が、オピネルのマイ・ナイフを持って数日間にわたる山旅をしたとき、何かが吹っ切れた。

どんな易しい登山でも、「自立した登山者である」ということは最も大切なことである。自立とは、何が起きてもひとりで対処できるということ。それができるようになったとき、登山は信じられないくらい面白いものに変わる。私にとってその瞬間がマイ・ナイフの取得だった。

ある日、フランスを旅した山の友が、お土産にオピネルのナイフを贈ってくれた。それは刃先が丸くなった子供用。「山のナイフ＝サバイバルナイフ」的な先入観を持っていた私にとって、木製のハンドルでやさしげなデザインのオピネルは、持ちやすく感じられた。

ナイフのデビューは、夏の北穂高岳。ナイフを使いたくて、梨をザックに忍ばせて登った。山頂で一緒になったおじさま2人組に剥いた梨をお裾分けすると、「こんなおいしい梨は生まれてはじめて」と、たいそう喜んでくれた。誇らしかった。

誰かに導かれ、与えられるままに登ってきた山。それが意志をもったものに変わった。オピネルのナイフは、自立への一歩だったのだと思っている。（小林）

17 | OPINEL［オピネル］
ラウンドティップ ステンレス ＃7 カラー

重量：約38g　刃渡り：約7.5cm　価格：¥2,200　問：ハイマウント

18 | OPINEL［オピネル］
ステンレス ＃7

重量：約44g　刃渡り：約8cm　価格：¥2,700　問：ハイマウント

【子供用】
ラウンドティップ
ステンレス #7 カラー

【大人用】
ステンレス #7

刃先が丸いタイプは、柄がカラフルでかわいい。見た目はやさしいが、切れ味は鋭い。この赤はパリのお土産。

刃が飛び出ないストッパー付き。

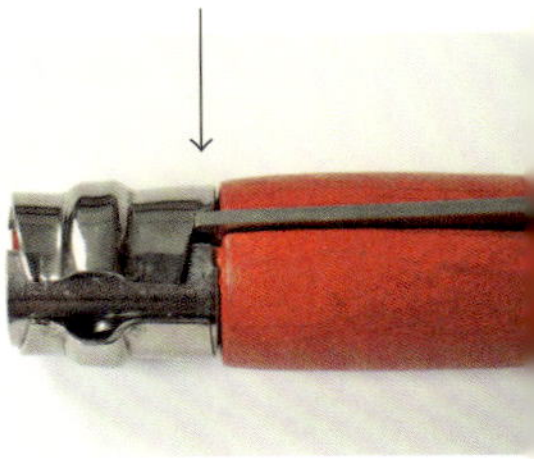

いつもポケットに〝レモン〟を。

どんな山へ行くにも、必ずザックの雨蓋に入っているものがある。その大きさから〝レモン〟と呼んでいる、ポケッタブルのウインドブレーカー。極薄生地で軽く、ポケットにくしゅくしゅ丸めて収納すると、本当にレモンほどになる。山へ向かう電車内で冷房が強いなと思ったとき、歩き始めでまだ体が温まっていないとき、急に風が出てきたとき、さっと羽織る。カーディガンみたいなものだ。

各社、いろいろなタイプの極薄ウインドブレーカーがあるけれど、これじゃないとダメなのは、その究極的シンプル構造にある。ポケットは本体収納用のための小さいものがひとつきりで、収納袋はナシ（紛失の心配ナシ）。袖裾にはゴムが入っているだけで、マジックテープなどの仕組みもナシ。いたるところから垂れ下がる謎の調節コードも無論ナシ。

面倒くさい機能がないおかげで、「ポケットから出す→広げる→着る」という単純な動作しか必要とされない。それはつまり、ちょっとした寒さ、暑さにもきちんと対応できるということだ。

いろいろ機能があって便利ですよと道具をすすめられることはよくある。でも面倒さが先に立って、結局使わなかったという道具も少なくない。「便利」とは何か。いろいろあるとは思うが、〝レモン〟は間違いなく、便利な道具だ。（金子）

19 | patagonia ［パタゴニア］
フーディニジャケット

現行品 → 重量：102g　素材：10 デニール リップストップナイロン 100%
価格：¥13,000　問：パタゴニア

軽過ぎて、
羽織っていることをたまに忘れる！

重さもレモン1個分くらい。
こちらは旧モデルの重量。

これは5年ほど前のデザイン。数年ごとにデザイン変更があるが、基本の構造はほぼ変わらない。新しい色が出るたびに欲しくなって困る。

最高の瞬間を逃さないカメラバッグ。

山を撮影するカメラマンにとって、一番頭を悩ませるのが荷物の問題。どんな山行でもカメラは最低2台。メインのカメラと、故障したときのための予備機。3台持って行くこともある。私は加えて30本ほどのフィルムも持つので、それらをバックパックに収納するのは大変だ。

着替えや食料など個人装備で削れるものは最小限にする。それでも60ℓのバックパックは一杯。本当ならカメラをしっかりと保護できるカメラバッグを使いたいけれど、荷物が重過ぎて行動が緩慢になっては本末転倒である。

そうした悩みを解消してくれたのが、モンベルのクッション入り防水バッグ。防水素材なうえ、開口部がロールトップになっているので防水対策は万全。内側はもこっとしたフリース地で衝撃を抑えてくれる。なにより、一般的なカメラバッグよりコンパクトで軽いのがうれしい。

雨の山。カメラをザックにしまって歩いているとき。ふいに雲が切れて、美しい光が差し込む瞬間がある。それは1分か2分の出来事。ザックの最上部にこのバッグを入れておけば、すぐにカメラを取り出して撮影できる。その使い勝手の良さに、何度助けられたかわからない。ストレスなく、自分らしい仕事をさせてくれる道具。それを見つけるのも、カメラマンの大切な仕事だ。（野川）

20 | mont-bell［モンベル］ プロテクションアクアペル 3ℓ

現行品 → 重量：101g　容量：3ℓ　価格：¥1,600　問：モンベル

中はもこもこで気持ちいい素材。

山小屋からちょっと散歩に出るときは、おでかけバッグにもなる。
これは数年前のモデル。今はちょっとデザインが違う。

登ってソンなし！季節の定番コース

春夏秋冬、いつもどこかの山へ出かけているホシガラス。なかでも季節ごとに毎年必ず訪れる山があります。本当はいろいろおすすめしたいのですが、とっておきのルートをちょっとだけご紹介。

— 春 —
3月～5月

春、街では桜のつぼみがふくらみ始めても、日本アルプスなどの高い山はまだまだ深い雪の中。無類のスキー好きの金子さんは東北でバックカントリースキーに忙しいので、小林と野川が早春でも歩けるのんびり山を紹介します。

高尾山～景信山

▲559m（高尾山）

高い山に行けない春は、身近な低山の魅力を再発見するチャンス。東京都民の裏山といえる高尾山を中心に、あっちの尾根やこっちの尾根を歩きます。おすすめは「裏高尾」。高尾山山頂の展望台から神奈川県の陣馬山まで続く縦走路です。日帰りなら途中の景信山までが適度。途中にお茶屋さんがいくつもあるので、高尾名物のなめこ汁や山菜の天ぷらを食べ歩きます。（小林）

尾瀬ヶ原

▲1400m

尾瀬は6月のミズバショウや8月のニッコウキスゲなどのイメージが強いですが、一番好きなのは早春。湿原全体がすっぽりと雪に覆われて、ところどころで雪解けが始まる5月の連休ごろがきれいです。ふだんは木道の上しか歩けない尾瀬ヶ原ですが、木道が雪の下にあるこの時期だけは、どこに行くのも自由。連休前後に山小屋が開くのを待って出かけます。（野川）

標高2000m 以上の山々にも新緑が萌え始める7月は、夏山のベストシーズン。高山植物の姿も増えて、山は一気ににぎやかになります。高山の夏は8月いっぱい。たった一ヶ月しかないので、毎週末どこかへ出かけたくなります。

― 夏 ―
6月〜8月

八ヶ岳縦走

▲2899m（赤岳）

八ヶ岳は南北30kmにも及ぶ大きな連峰。主峰の赤岳をはじめ、個性豊かな山々が連なります。ひとつひとつの山をのんびり登るのもいいですが、夏はテントを担いで山から山へ。3泊くらいで縦走したい気分。今回は赤岳を通って編笠山へ。次は蓼科山から入って天狗岳へ。気分やメンバーに合わせて、いろいろなコースどりができるのも、八ヶ岳の魅力です。（小林）

富士山

▲3776m

毎年、夏になるとなぜか登りたくなるのが富士山。はじめの数回は「もうこんな退屈な山はいやだ！」と思っていたのですが、あるとき富士山に咲く花の姿が目にとまってからは一転、すごく気になる山になりました。溶岩地帯に力強く根を張る花々。天候によってがらりと表情を変える富士山。毎年登って、もっといろいろな富士山を見てみたいなと思っています。（野川）

北穂高岳

▲3190m

夏はなんといっても北アルプス。とくに北穂高岳を中心に穂高連峰を歩き回るのが好きです。北穂高小屋から見る大キレットの壮大さに「すごい山まで来ちゃったなあ」と思いつつ、北穂高小屋で静かな時間を過ごす。このセットがいいんです。尾根づたいに奥穂高岳へ足をのばすもよし、涸沢でゆっくりするもよし。遊び方を選べるのもいいところです。（金子）

9月を過ぎると、高い山々には秋の足音が聞こえてきます。まだまだ緑は見えるのに、吹く風がどこか冷たく、澄んで感じるのです。せわしなく歩き回った夏の疲れを癒すように、しっとりと静かな山へ出かけたくなります。

— 秋 —
9月〜11月

那須岳

▲1917m

秋の山のお楽しみは、なんといっても温泉。山小屋や山あいの温泉小屋で過ごす秋の夜長は至福の時間です。紅葉と温泉をセットで楽しみたいなら、那須岳を経て、さらに山奥の三斗小屋温泉大黒屋に一泊するコースがおすすめ。小屋を囲むようにしてあるカラマツの見事な黄葉と、大きな檜風呂、山の恵みを使ったおいしいごはん。これはたまりません！（小林）

上高地

▲1500m

上高地は北アルプス登山の玄関口ということで、夏は何度なく訪れる場所ですが、実は秋がとってもすてき。梓川沿いのケショウヤナギが紅葉する様子はとてもきれいです。河童橋周辺に泊まるなら、早起きして朝もやが美しい大正池へ。2時間ほど歩いたところにある徳澤園に泊まれば、穂高連峰をいっそう近くに望めます。こちらも朝の風景をお見逃しなく。（野川）

金峰山

▲2599m

秋だなあ、と思うと登りたくなるのが金峰山。コースタイムがそこまで長くないのに、山頂は素晴らしい景色。とくに秋の清々しい空気のなかだと最高です。日帰りも手軽でいいですが、時間があれば山頂下にある金峰山小屋にぜひ一泊を。こたつに入ってぜんざいを食べたり、本を読んだり。アットホームな小屋だからこその、のんびりした雰囲気が好きです。（金子）

12月。各地の山から雪の知らせが届くと、正式に冬が始まります。稜線に出るような厳しい冬山登山はせず（野川さんはたまに出かけていく）、森の中をゆっくり歩くスノートレッキングがほとんどです。金子さんは、またスキーへ。

— 冬 —

12月〜2月

沼津アルプス

▲392m（鷲頭山）

雪の山も大好きですが、東京でも寒い日が続くと、どこか暖かい山へ出かけたくなります。沼津駅近くにある「沼津アルプス」は、真冬でも日だまりが多く、ぽかぽかハイキングが楽しめる穴場です。アルプスというだけあって、小さな山の連なりですが、最高標高は392m。途中、駿河湾や富士山を見渡せる絶景ポイントもあって、ハイキングにぴったりです。（小林）

縞枯山

▲2403m

冬は穏やかなスノーハイキングを楽しめる北八ヶ岳の森に出かけます。縞枯山は冬でもロープウェイが運行しているので、アプローチも手軽。縞枯山荘という山小屋があって、そこのご主人にテレマークスキーを教えてもらいに行くこともあります。山小屋の前は広い草原になっているのですが、冬は一面真っ白な雪原。晴れた夜は月明かりが反射して、幻想的です。（野川）

天狗岳

▲2646m

私も冬の定番は北八ヶ岳。といっても、樹林帯だけでは物足りなくて、できれば少し稜線を歩いて、欲を言えば山頂にも立ちたい。そんな欲張りを叶えてくれるのが天狗岳です。冬山登山の入門コースです。危険箇所が少なく、途中に黒百合ヒュッテというすばらしい山小屋があるのも魅力。天気が悪ければ山小屋で宴会をしたり。降っても晴れても楽しい山なのです。（金子）

C

荷物を分けて、楽しみも分かち合う。
ホシガラス流 山岳部スタイル

ホシガラス山岳会の特徴のひとつは、共同装備で山に登るということ。共同装備とは、テントや調理道具、食料など、みんなで共有する道具類を分担して持つスタイルのことです。

全員が個人装備で登るより、荷物が軽くなるのが利点。でも、もし担当の道具を忘れてしまったら……。そのプレッシャーは減った荷物より重いかもしれません(笑)。それでも、夕飯は何を作ろうか、みんなの喜ぶ顔を想像しながら献立を練るのは、ひとりでは味わえない楽しみです。

みんなが快適に安全に登山できるよう、いつもより慎重に、真剣に準備をするクセがつくのも共同装備のいいところ。全員で知恵を出し合って、ああでもない、こうでもない。より合理的な道具や、その使い方を考えるのも、ゆかいなものです。

テント担当

下級生の登竜門！ 力と手際が大切です。

ホシガラス山岳会のトレードマークともいえる、アライテントのエアライズ3。3人用ですが、ちょっと詰めれば4人でも寝られます。自立式なので、大きくてもひとりで設営可能。軽量な山岳用テントとはいえ３人用ともなるとまあまあ重い。というわけで、一番の力持ちが担当。

Black Diamond
［ブラックダイヤモンド］
オービット

重量：132g（単4アルカリ×4本込み）
サイズ：φ6.4×H10cm（収納時）
価格：¥3,600
問：ロストアロー

MPI［エムピーアイ］
オールウェザーブランケット

重量：350g
サイズ：W152× H213cm
価格：¥2,600
問：ハイマウント

RAIPEN［ライペン］
エアライズ3

重量：2.07kg
サイズ：W185×D220×H115cm（設営時）
価格：¥54,500
問：アライテント

台所担当

台所大臣は要領のよさと気配りが欠かせません。

Chinook［チヌーク］
クッカーセット
※廃番商品。その昔、
アラスカのアウトドアショップで購入

重量：660g
サイズ：φ17×H12.5cm

CAPTAIN STAG
［キャプテンスタッグ］
折りたたみ式お玉

重量：85g
サイズ：φ8.5×H27cm（使用時）
価格：¥980
問：キャプテンスタッグ

EPI［イーピーアイ］
スプリット

重量：234g
サイズ：φ18.6×H104cm（使用時）
価格：¥15,000
問：ユニバーサルトレーディング

Nalgene［ナルゲン］
広口丸形ボトル60mℓ

重量：15g
サイズ：φ3.5×H8.5cm
価格：¥150
問：ハイマウント

GSI［ジーエスアイ］
コンパクトスクレーパー

重量：11g
サイズ：W8.5×H5.4cm
価格：¥900
問：エイアンドエフ

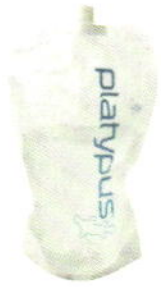

platypus［プラティパス］
プラティパス2

重量：36g　容量：2510mℓ
サイズ：W19×H35cm
価格：¥1,400
問：モチヅキ

PRIMUS［プリムス］
フォールディングトースターⅡ型

重量：180g
サイズ：W14.3×D16.8×H1.1cm（収納時）
価格：¥2,100
問：イワタニ・プリムス

UNIFLAME［ユニフレーム］
UF キャニスター

重量：90g　容量：210mℓ
サイズ：φ6×H6.5cm
価格：¥1,389
問：新越ワークス

山行における食事の一切を任される食事担当は通称「食当（ショクトー）」。こまごました調理器具が多いので、忘れ物には細心の注意が必要です。うっかり忘れ率ナンバーワンがお玉。カレーやシチューの日なら大惨事！ 人数によって鍋のサイズは変わりますが、大鍋のときは安定感のある大きいゴトクがついたストーブを使います。鍋やストーブ、水を運ぶためのプラスチック容器は必須。調味料や油はナルゲンやキャニスターなどの密閉容器に入れます。スクレーパーは鍋や食器の汚れを落とす道具、焼き網はあると楽しいおつまみ炙り用です。

食材いろいろ

安い、早い、うまい！の3原則。

2大優秀麺！

早ゆでペンネ

棒ラーメン

軽くて調理が簡単な乾麺は定番食材。3分でゆであがる「早ゆでペンネ」なら、ガスの節約にもなります。かさばりを解消したい人にはコンパクトなパッケージの棒ラーメンがおすすめ。とんこつや熊本風など、ご当地味のバリエーションもおいしい。

カンヅメ愛！

重い、かさばる、ゴミになる。山では三重苦の缶詰ですが、やっぱりおいしさには代えられません。汁までおいしいサーディンはごはんにぶっかけても、食前のおつまみにも。フルーツ缶は甘〜いシロップが至福です。

オイルサーディン

フルーツ缶

ジップロック技！

お米は計量して

外袋ははずして

極力ゴミを出さないように、食品の箱やパッケージは家ではずし、ジップロックに詰め替えます。お米は1食分ずつ計量してジップロックに小分けにし、内容量をマジックで書いておくと便利です。使用後のジップロックはゴミ袋として活用します。

おなかすいた…。

EVERYDAY USE

みんなの一生もの

キャンプや登山を始めるようになって、気づいたことがある。それはアウトドア用の道具が、純粋に道具としてのクオリティが高いということ。

軽いし、丈夫だし、コンパクトに収納できるし、シンプルで長く使えるデザインのものが多い。家よりもずっと不自由な環境で使うことを想定して作られたアウトドア道具には、無駄な機能というものがない。その合理性は家で使うとよりすごいもののように感じられる。

アウトドア用、自宅用としっかり区別する人もいるかもしれないが、なにせ手狭な東京の住宅事情。兼用できるものは兼用したほうが、たくさんの道具に囲まれて窮屈に暮らすよりずっといい。

そして何より、週末、山や森で使った道具を自宅で使うとき、楽しかったな、また行きたいな。そんなすてきな思い出がよみがえってくる瞬間が、好きなのだ。

我が子とともに成長する毛布。

何年もずっと使ってきた道具が、人生の変化とともに、違った使い道を持ち始めるということがある。私にとってそれは出産で、子どもが生まれたときから、アウトドア道具の使い方が少しだけ変わってきた。

ペンドルトンのブランケットは、アウトドアを始めた頃から使っている。いつも車の中に置いてあって、焚き火を囲む夜のひざかけに、テントで眠るときの毛布にとフル活用していた。

今、ペンドルトンのブランケットは、1歳になる息子の毛布になっている。以前使っていたものよりずっと小さいサイズで、出産祝いにいただいたものだ。

生まれて間もない頃は、この小さなサイズでも全身をすっぽり覆えるほどで、おくるみみたいにして使ったりもしていた。1歳になると、床で遊ぶときの敷きものにしたり、肌寒いときの毛布にしたりと、やっぱりフル活用している。

ペンドルトンは、アメリカ・オレゴン州に拠点を置くウール製品メーカー。良質なバージンウールのみを使用したブランケットはチクチク感のない滑らかな肌触りで、赤ちゃんの敏感な肌に触れても傷つけたりする心配がない。

高品質のウールなので値は張るけれど、その分丈夫で何十年も使え、時を経るごとにいい味が出てくる。息子が大きくなっても、変わらず使い続けてくれたらいいなと思う。(野川)

1 | PENDLETON [ペンドルトン]
カスタムムチャチョ

サイズ：W81×H112cm　価格：¥11,000　問：エイアンドエフ

洗濯して少し毛羽立っても、それはそれでいい感じ。

模様にはそれぞれ名前があって、これは「ジャーニーウエスト」という名。

みんながうらやむナルゲンボトル。

アウトドアとは無縁の友人が我が家にやってきて、必ず「それ、いいね」というのが、このナルゲンのパスタボトル。

ナルゲンはもともとアウトドア道具のメーカーではない。アメリカのナルジェ社が化学などの研究用ボトルして開発した容器で、液漏れや匂い移りがしないよう、高純度のプラスチックが使われている。さらに耐久性も高いとあって、徐々にキッチンでの需要が増え、その後、アウトドアでも愛用されるようになった。今では、アウトドアライン、キッチンラインなど用途別に様々な形、サイズの商品がラインナップされている。

キッチンで使ったらいいのでは？と思い立ったのは、友人が登山用の行動食（ナッツやチョコレートなど）入れにナルゲンボトルを使っていたから。それまでは水筒として使っていたため、ナルゲンボトル＝飲み物と思い込んでいたけれど、そうか、固形物を入れてもいいのだ。

いざ使ってみると、これが台所にしっくりなじむ。余計な装飾のないシンプルなデザインは清潔さがあるし、口が広く、内容物を取り出しやすい。ほかのナルゲンボトルと同様に匂い移りもないし、丈夫で派手に落としても安心だ。ビバ、アウトドア道具！　これに味をしめて、今では塩やこしょうなど、調味料入れにもナルゲンを愛用している。（小林）

2 | nalgene［ナルゲン］
キッチン広口 1.5ℓ

サイズ：φ9×H13㎝　価格：¥1,300　問：ハイマウント

透明度の高いプラスチックで、内容物もはっきり見える。がこーん！と
派手に床に落としても、へこみ、ひび割れ、一切なしのタフさもいい。

ときを刻む、天然木のカッティングボード。

木工作家として独立して3年目、都内で小さな個展を開いた。展示した作品のなかにあったスツールを見て、雑貨店を営む方が「このスツールの天板で、カッティングボードを作ったら?」と言った。

たしかに、直径25㎝ほどの円形の天板は、まな板にちょうどいい。試しにと作ってみたら、ころんとかわいい佇まい。その後販売してみたところ、なかなか好評で、今度はキャンプにも手軽に持って行けるようにと、直径15㎝ほどのミニサイズも作ってみることに。素材には、スツールなどの家具を作る際に出たダクラスファー(米松)端材を使った。アメリカで解体された納屋などに使われていた古材で、表面には傷や日焼けなど、さまざまな風化の跡がある。そのままではただの傷だけれど、丁寧に表面を削っていくと、中からきれいな木目が出てくる。

カッティングボードの片隅に黒い筋や溝があるのは、古材である証。一部だけ古材らしい風合いを残すことで、その木だけが持つ〝表情〟を出すことができる。

見知らぬ街で何十年、何百年とときを刻んで来た木材。その表情にはひとつとして同じものはない。何かの巡り合わせで自分のところにやってきたのだと思えば、手入れが面倒な木製のまな板でも、大切に使いたくなる。と、そんな思いで使ってもらえたら、うれしい。(しみず)

3 | Chip the Paint [チップ ザ ペイント]
カッティングボード ミニ

重量:318g　サイズ:φ16×H3cm　価格:¥2,500〜　問:チップ ザ ペイント下の大きいサイズはメープルを使って作ったもの。
上が直径15㎝のミニ。染みすら愛おしい、木の表情。

離乳食はツーリングテーブルで。

我が家の息子は0歳からアウトドアマンになることを宿命づけられている。なぜって、生まれてはじめての食事をキャンプ用のテーブルで食べたのだから。

おままごとのように小さなテーブルは、山戸さんがキャンプに持って来ていたのを見ていいなと思ったもの。折り畳むと、片手で持てるくらいの大きさになる（重量はたった700g！）。キャンプでメインのテーブルがいっぱいになってしまったときなどに、サブとして使うのにとても便利なのだ。

子どもが生まれてからは山やキャンプから一時期遠ざかっていたため、このテーブルもどこかにしまい込んでいたのだけれど、息子が離乳食を始めるにあたって、見事なリバイバルを果たした。

座高の低い子ども用に、赤ちゃん用のテーブルを探してみたものの、たいていのベビー用品はポップな柄がついていたりして抵抗がある。すぐに大きくなって使えなくなるのに、わざわざ新調するのもなあ……。と、そこで思い出したのだ。

息子の前に置いてみると、高さはぴったり。落ち着いた色は家でも浮かないし、食事が終われば小さく収納できる。言うなれば、息子専用のちゃぶ台だ。そうこうしているうちに離乳食の時期も終わりに近づいている。次は一緒にキャンプで使える日が楽しみだ。（野川）

4 | Alpine DESIGN ［アルパインデザイン］
ツーリングテーブル

重量：700g　使用時サイズ：W40×D23×H16〜10cm　収納サイズ：W40×D8×H6cm
価格：¥1,388　問：スポーツオーソリティ

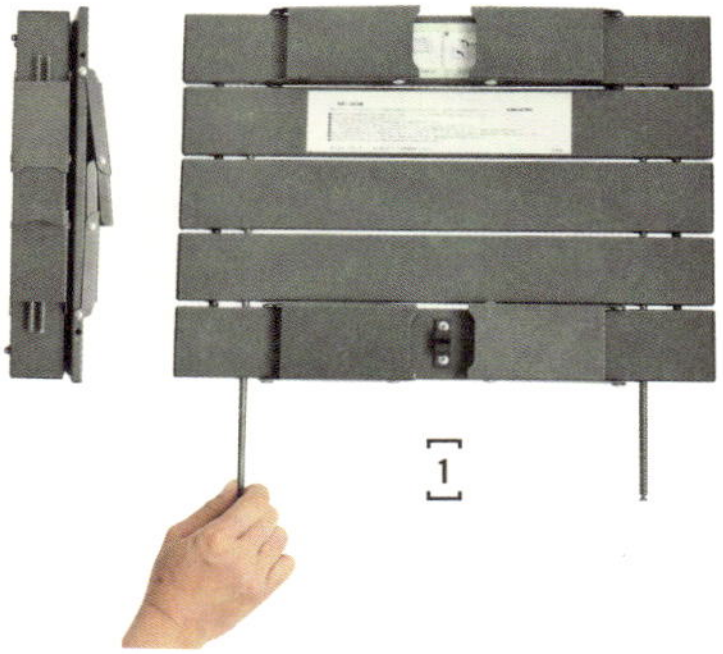

1

筆箱形状をぱたぱた開いて、
天板を組み立てる。

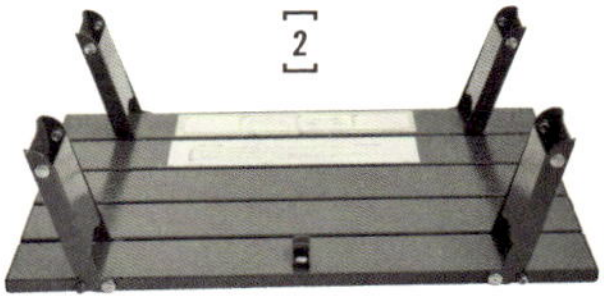

2

折り畳み式の脚を
持ち上げて、脚をつくる。

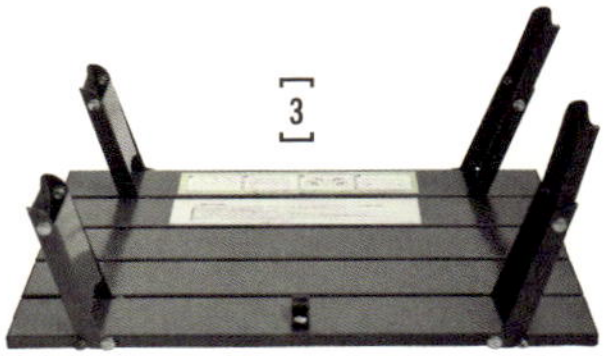

3

高さを出したい場合は、
さらに脚を伸ばせる。

4

赤ちゃんの離乳食と
お茶を置くのにぴったり。

寒い工房仕事には山用弁当箱を。

私の木工仕事用のアトリエは川沿いの工業地帯の中にある。以前は住宅街にあるガレージを工房として使っていたのだが、住宅街の真ん中で電気ノコギリをかけたり、大量の木屑を出したりするのが申し訳なくて、引っ越してきた。

環境的には申し分ないのだが、困るのが食事。周囲には同じような作業場ばかりで、食事処は皆無。昼食はほとんどがお弁当になる。でも、寒い時期の弁当はけっこうツライ！　そこでどうにかして温かいものを食べようと考案したのが、この〝コッヘル弁当〟である。

もともと、夫が山やキャンプで使っていたステンレス製のソロコッヘル。一般的なコッヘルセットは、フタがカパカパととれやすいが、これは持ち手の部分をフタ側に倒すことで、ストッパーの役割を果たす。ちょうどアジア雑貨屋で売っている〝インド風弁当箱〟みたいな感じだし、弁当箱にちょうどいいのでは？

コッヘルの利点はなんといっても直火にかけられること。ならばと山で使っているシングルバーナーを持参し、カレールウを入れたコッヘル弁当を直火で加熱してみた。ふつふつと湯気を上げるカレー。そこにごはんを投入したら、熱々のカレーライスが完成した。すばらしきコッヘル弁当！　おかげで今は、寒い冬でも温かい弁当を楽しんでいる。（しみず）

5 | MSR［エム エス アール］
アルパイン ストアウェイ ポット 775cc

重量：365g　サイズ：φ13×H5cm　価格：¥2,300　問：モチヅキ

すみません、これはかっこつけて撮影用に盛りつけました。ふだんは
カレールウやうどんのだし汁などを入れて、アトリエで加熱して食べる。

大量買いでもへこたれないエコバッグ。

山へ行くとき、家から登山口まではサンダル履きで行くことが多い。ごっつい登山靴を履いてアスファルトを歩いたり、電車に乗ったりするのは意外と疲れるので、登山口で履き替えるまでは手持ちバッグに入れて持ち運んでいる。

靴を履き替えたら、サンダルを手持ちバッグに入れてザックの中へ。ここまではどんなバッグでもいいのだが、ザックに入れるとなると、荷物がぐちゃぐちゃにならないよう、ジッパーで口を閉められるもののほうがいい。そこで、このグラナイトギアのバッグが重宝する。

軽くてコンパクトに収納できるエコバッグは数あれど、ジッパーで口を閉じられるタイプはそうそうお目にかかれない。しかもシルナイロン製なので、雨の日に履いて濡れてしまったサンダルを入れても、ザックの中にある他の荷物に影響しないのがいい。靴を入れて汚れてしまったら、水でざぶざぶ洗って吊るしておけばすぐに乾く。コットンのエコバッグでは、こう手軽にはいかない。

同じバッグの色違いを、ふだんの買い物にも使っている。持ち手が長く肩がけできるので、お米などのずっしり系食材を入れても、そこまで重さを感じない。エコバッグにありがちなファンシーな柄がついていないのも、密かにうれしいポイントだったりする。（しみず）

6 | GRANITE GEAR［グラナイトギア］
エアキャリアー

重量：80g　容量：20ℓ　サイズ：W30×D20×H33cm　価格：¥3,200　問：ヴァーテックス

長ネギも余裕で入るサイズです。

バッグの内側にある収納袋に入れると
こんな感じ。色の種類も豊富でいい。

職人技が光る、国産ステンレスボトル。

山用の水筒は売るほど持っているというのに、いざ日常用に使おうと思うと、使いたいものが見つからない。たぶん、みんなに見せびらかしたくて珍しいデザインや形のものを選んでいるから、いざ街で使おうと思うとちょっと違うな……と思ってしまうのだろう。

かといって、タウンユース用のステンレス水筒は、たいていポップな色や柄がついていて、使いたいと思うものが見つからない。うーん、どうしたものか。

数年前、山道具のカタログを見ていたとき、これだと思えるステンレスボトルを見つけた。国産アウトドアメーカーの老舗・スノーピークのシステムボトル。ステンレスそのものの素材感を活かした、ちょっと無骨な佇まい。無駄な装飾がない、すっきりとしたデザインもいい。なんといっても、金物問屋が軒を連ねる〝金物の街〟・新潟県燕三条地域で作られているという点が渋いじゃないか。

これぞ職人の技というのだろうか。本体はごく薄いステンレスで、縁に口をつけて飲んでも、金属が触れるいやな感じがしない。ステンレスが薄いおかげで口径が広く、スポンジを使って洗浄するときも手が奥まで届いて洗いやすい。

毎日使うものは、手入れが楽で、飽きのこないものがいい。それを体現したかのような、理想的な水筒なのだ。（小林）

7 | snow peak [スノーピーク]
システムボトル350

重量：320g　容量：390mℓ　サイズ：φ5×H17.7cm　価格：¥6,680　問：スノーピーク

外側も内側もきりっと美しい佇まい。清潔感があって、ちょっと無骨で、かっこいい。少々キズがついたくらいが渋いと思う。

山でも家でも〝つっかけ〟派。

トレッキングの章で森さんが言っていたと思うが、山ではサンダルは贅沢品である。行き帰りの電車の中とテント場で履くだけで、あとはずっとザックの中。だからできるだけ軽く、コンパクトなものがいいと、長らくビーチサンダルを山用サンダルに使っていた。

が、ある夏。北アルプスのテント場で事件が起こった（森さんの便所サンダル事件といい、サンダルにまつわる事件は後を絶たない）。大きな岩が転がるテント場。素足にビーチサンダルで水場を往復したりしていたら、足の指を岩にぶつけて、小指の爪がはがれてしまった。

なぜ山にビーチサンダルなんか履いてきたんだ。自分を激しく呪った。下山後、すぐに新しい山用サンダルを買うことにしたのだが、どれもこれも重い。そんなとき、友人に教えてもらったのがキーンのヨギというモデル。軽量な合成樹脂を使ったサンダルで、片足の重量は204gほど。足の甲からつま先までしっかりと覆うデザインで、岩に擦れてもけがの心配がない。これなら靴下のままでも履けるし、寒さもしのげる。すごくイイ！

ちょっとかさばるのが難点だけれど、そこは愛らしいデザインに免じて許そう。自宅ではベランダ用、ちょっとした買い物に出るときのつっかけとしても使える、山街兼用サンダルである。（小林）

8 | KEEN ［キーン］
ヨギ

重量：204g（片足／24cm）　価格：参考商品　問：キーン・ジャパン

毎シーズン、いろいろな色やデザインが展開されるのもヨギの楽しいところ。少し大きめのサイズを選べば、靴下のまま履ける。

ホシガラス偏愛コラム D

番外編・・・一生買えない、わたしの宝物。

本当は、みなさんが購入できるものを紹介したいところですが、大切にしている道具のなかには、けっして買えないものもあります。両親から譲り受けた思い出の品、遠い外国で買ったものなどなど。古びてガタがきたとしても、絶対手放すことはできません。そんなとくべつな道具を最後に紹介します。

【しみずまゆこの宝物】

父の形見のコッヘルセット。

子どもの頃、キャンプ好きの父に連れられて地元の海などへ出かけていました。ウニやカキを海辺で食べたり、素朴なキャンプでしたが、よく覚えています。これは父が生前に使っていたコッヘル。3つセットのはずが、父が大きさの合うボウルをひとつ加えていたみたいです。何の変哲もないアルミ製ですが、やっぱり大切です。

【山戸ユカの宝物】

少年夫のグランテトラ水筒。

今はもう廃番のグランテトラのアルマイト水筒は、夫が中学生のときに地元のアウトドアショップで買ったもの。アメリカのボーイスカウトや、バックパッキングに憧れる少年だったそうだけれど、大人になった今も変わらず、憧れを持ち続けています。小さな夫が大切に使って来た道具を今一緒に使えるのは、幸せなことです。

【髙橋 紡の宝物】

父からの、うれしい贈りもの。

7歳のころ、父がイギリス出張で買ってきてくれたブランケット。タータンチェックの巻きスカートも一緒にもらって、幼心に異国を感じてうれしかった。というより、おしゃれではない父が、三姉妹のために選んでくれたことに今頃じわり……。大きな穴が空いていますが、今もキャンプやデスク仕事のひざかけに使っています。

【野川かさねの宝物】

夢の詰まった、ライカ CL。

まだカメラマンのアシスタントをしていた頃だから、27歳くらい。一度は使ってみたい！と思って買ったのがこのライカCL。四角ばったフォルムがかわいくて、小さいのにレンズ交換もできる。何より憧れのライカ。中古といっても高価だったので、カメラ好きの父と半分ずつ出し合って買いました。もちろん今でも現役です。

ホシガラス偏愛コラム D

【森美穂子の宝物】

機能を超えた、愛着フリース。

6、7年前、家族でハワイ旅行に行った際に買ったパタゴニアのフリース。キッズ用のせいか、襟や裾に丸みを持たせたデザインで、なんだかかわいい。気に入っていつも着ていたら、けばけばになってしまったのですが、その分愛着もひとしお。「ライナスの毛布」のように、山でこれがないと、なんだか落ち着かないのです。

【小林百合子の宝物】

昭和のガイドブック

二度と出合えない、運命古書。

山に行くより、山の本を読むほうが好きかもしれません。それくらい、時間があれば山岳古書を探して歩いています。行きつけは東京・阿佐ヶ谷の穂高書房。文芸の名著もいいですが、昭和の香りがぷんぷん漂うガイドブックがとくに好き。写真やデザイン、素朴すぎるハイキング情報に触れると、また山への想いが高まってきます。

【金子夏子の宝物】

育てがいのある、レザーの冬靴。

本編で紹介したゴローの山靴と同じく、冬山用の靴にもレザーを選びたいと常々思っていました。でも、冬用の靴はプラスチックや化繊を使ったものが主流。そんななか見つけたのが、これ。オールレザーで、クリームを塗るごとにいい色に育ってきました。これからゆっくり育てていきたいなと思っています。（廃番が悲しい！）

【小池瑠美子の宝物】

アメリカ、古道具屋での出合い。

外国を旅すると、必ず古道具屋を訪れます。とくに欲しいものがあるわけではなく、偶然の出合いを楽しむために。これはアメリカ、ポートランドのがらくた屋で見つけたアルミ製のカップ。本体が蛇腹式になっていて、収納するとぺたんこになります。山で便利かどうかは不明ですが（ヨット柄だし！）、妙に気に入っています。

問い合わせメモ

あ	ICI石井スポーツ登山本店	03-3295-0622
	アクシーズクイン	03-3258-6211
	アライテント	04-2944-5855
	アンドワンダー	03-3468-2360
	イタリア商事	045-910-1890
	イワタニ・プリムス	03-3555-5605
	ヴァーテックス	046-205-7391
	エイアンドエフ	03-3209-7579
	エル・エル・ビーン	0120-81-2200
	ODBOX	03-3833-8636
か	キャプテンスタッグ	0256-35-3117
	キャラバン	03-3944-2331
	キーン・ジャパン	03-6416-4808
	コクヨお客様相談室	0120-201-594
	ゴールドウイン	0120-307-560
	コールマンジャパン	0120-111-957
	ゴロー	03-3945-0855
さ	サーモスお客様相談室	0256-92-6696
	シナノ	0267-67-3321
	ジャパンポーレックス	072-724-0250
	新越ワークス	03-3264-8311
	新富士バーナー	0533-75-5000
	スノーピーク	0256-46-5858
	スポーツオーソリティ	03-5644-3666
	スント	03-4520-9417

た	ダナー	http:// www. jp.danner.com/
	チップ ザ ペイント	http://www.chipthepaint.com/
	デッカーズジャパン	0120-710-844
な	ナンガ	0749-55-1016
	日本利器工業	0575-22-3311
	ノルディスクジャパン	03-5477-3203
は	ハイカーズデポ	0422-70-3190
	ハイマウント	03-3667-4545
	パーセルトレンチ	http://www.purcelltrench.com/
	パタゴニア	0800-888-7447
	バブアー渋谷店	03-6450-5993
	パラブーツ青山店	03-5766-6688
	バンブーシュート	03-5720-1677
	ビームスジャパン	03-5368-7300
	ファイヤーサイド	0120-46-7877
	フルマークス	0120-724-764
ま	モチヅキ	0256-32-0860
	モンベル	06-6536-5740
や	ユニバーサルトレーディング	048-225-7756
ら	..... リサーチ ジェネラルストア	03-3463-6376
	ロストアロー	049-271-7113

一生《いっしょう》ものの、山道具《やまどうぐ》

愛着をもってずっと使える
外遊びの良品63

二〇一五年二月六日
初版第一刷発行
二〇一五年六月一六日
初版第二刷発行

装丁――米山菜津子
写真――野川かさね
編集――小林百合子
文――高橋　紡
櫻井　卓

著者　ホシガラス山岳会
発行人　三芳寛要
発行元　株式会社 パイ インターナショナル
〒一七〇-〇〇〇五
東京都豊島区南大塚二-三二-四
電話　〇三-三九四四-三九八一
ファックス　〇三-五三九五-四八三〇
制作進行　諸隈宏明
制作　PIE BOOKS
印刷・製本　株式会社 アイワード

◎本書に掲載された内容は二〇一四年一二月現在のものであり、発売後に商品名や価格等に変更が生じる場合もあります。ご了承ください。◎本書の収録内容の無断転載・複写・複製等を禁じます。◎ご注文、乱丁・落丁本の交換等に関するお問い合わせは、小社までご連絡ください。

ISBN978-4-7562-4588-5 C0070